목포에서 한달살기

양소희 지음

PROLOGUE
고백
내 마음을 받아줘

지난해 목포에서 〈한 달 살기〉를 했습니다. 여행작가라는 직업으로 여행을 다닌 지도 10년이 넘었고 그동안 지구 곳곳을 수없이 다녔습니다. 지난달에는 기원전 3천 년의 시간을 간직하고 있는 이집트를 여행하고 왔답니다. 세상에서도 엄지 척하는 멋진 도시들을 다니기 때문에 어떤 곳에 가도 나를 감동시키기란 쉽지 않은 일입니다. 하지만 목포는 확실히 특별했던 여행지였어요. 목포에서 머물렀던 시간들이 일상의 사이사이를 비집고 떠올라 결국 목포에서 한 달 살았던 이야기를 글로 쓰고 책으로 세상에 내놓게 되었습니다. 목포에 사는 동안 최대한 글을 쓰지 않으려고 노력했답니다. 작가가 글을 안 쓰려고 애를 썼다니? 이해하기 힘들 수도 있습니다. 저는 지금부터 매우 개인적인 이야기를 하려고 합니다. 제92회 아카데미 시상식에서 감독상을 받은 봉준호 감독은 수상 소감에서 '가장 개인적인 것이 가장 창의적이다'라는 말을 했습니다. 저는 수상소감을 듣고 저의 개인적인 이야기를 꺼낼 용기를 얻었답니다. 왜 내가 모든 일정을 한 달 미루고 목포에 가려고 했는지 부끄럽지만 솔직한 얘기를 하려고 합니다.

목포

MOKPO

역사와 문화가 공존하는
근대사의 중심지, 목포

歴史と文化が共存する
近代史の中心地、木浦

木浦

밤이 가장 어두울 때
가장 많은 별을 볼 수 있다.

저는 안타깝게도 책이 안 팔리는 시대에 글을 쓰는 일을 직업으로 하고 있답니다. 그래서 어떤 일이든 가리지 않고 글을 쓰며 10년이 넘도록 작가라는 직업을 지켰습니다. 그동안 16권의 책을 썼지만 지금 뒤돌아보니 나를 만족시키는 책은 한 권도 없었습니다. 최선을 다해 열심히 살았는데 방향이 잘못된 것은 아닐까 스스로 의심하기 시작했습니다. 인생은 함정의 연속입니다. 세상이 나를 속이는 것 같지만 알고 보면 내가 나를 속이고 있는 것은 아닌지 알아차려야 합니다. 이런 고민에 빠져있을 때 목포로 향했습니다. 살아가는 장소를 어느 한 곳에 한정할 필요가 있을까요? 한계라는 경계선을 뛰어넘으려면 변화가 필요했습니다. 한 달 살기를 하는 동안 날 것 그대로 세상을 느껴보려고 간 목포는 매일 흥미로운 세상이 기다리고 있었습니다. 하루하루를 되돌아보며 쓴 글을 읽어보니 저는 목포에게 내 마음을 받아달라는 러브레터를 쓰고 있었습니다. 나도 모르게 목포를 자연스럽게 알게 되었고 목포와 목포에서 만난 사람들을 사랑하게 되었습니다. 작년 12월에 다시 목포로 갔습니다. 그리고 원도심에 있는 작고 귀여운 집을 사 버렸습니다. 이제 곧 꽃피는 3월이 되면 저는 목포에서 살아보기가 아니라 진짜 살기를 시작합니다. 어쩌다 그렇게 되었냐고요? 목포에서 제가 한 달 동안 무엇을 했는지 궁금하시죠? 이제 책장을 넘기면 제가 쓴 러브레터를 읽게 되실 겁니다. 그리고 다 읽은 후에는 목포에서 저를 만나게 되는 마법에 걸리시길 바랍니다.

여러분에게도 저와 같은 행운이 있기를~ 🌸

목차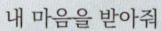

4	프롤로그_ 고백		내 마음을 받아줘
11	여자 혼자서		짐 싸고 마음 챙기기
15	가슴 벅찬 첫 마음		기차 안에서
21	잘 부탁한다		피카소게스트하우스
27	길이 말을 걸어 올 때		목원동 옥단이길
35	오늘은 뭘 먹을까?		무화과
39	별난만세		목포세계마당페스티벌
45	내 가슴 터질듯 하늘을 날아보는		목포해상케이블카
51	여행의 이유		자발적 고독
57	여행은 우연이다		지구별서점
63	도서관, 목욕탕, 휘트니스		목욕탕 이야기
67	무담시 와갔고 고생하요		태풍 링링
71	질문을 따라가는 삶		오월의 하루
79	사랑에 빚진 자		고호의 책방&동네산책
83	네가 있어서 참 다행이야		유달산 둘레길
93	마음이 머무는 곳		오래뜰게스트하우스
101	왜 목포는 울어?		삼학도
107	잠시 쉬어도 좋아		사슴수퍼마켙
111	목포유람 스탬프투어		1897개항문화거리
119	좋아해도 될까요?		퐁당퐁당
123	어디론가 떠나고 싶을 때		김우진거리

129	**목포에서 놀자**	불종대, 먹통시장, 민어거리
137	**너를 버리기가 힘들어**	산책
141	**사랑은 마음의 눈으로 발견하는 것**	평화광장
149	**지금은 스토리 시대**	목포문학관
155	**목포와 이순신장군**	고하도
161	**당신의 웃음 너머**	용오름길
167	**만인계마을축제**	만인살롱
175	**마음이 아플 때 먹는 음식**	북항
181	**집으로 돌아오다**	목포에서 한 달 살기
185	**다시 목포**	그리워질 거야, 무척이나

맛의 도시 목포! 아홉가지 맛

24	갯벌 속 인삼, 낙지
42	잔치상에는 홍탁삼합!
60	민물고기의 고래, 민어
76	입맛 싹 도는 꽃게무침
98	가을 목포에는 먹갈치
116	어떻게 먹어도 맛있는 병어
134	진짜 이름값 하는 준치
152	못생겨도 맛있는 아구탕&찜
170	영양만점 우럭간국

사람들은 함께할 때 힘을 얻는다.
그러나 새로운 길은 혼자 간다.

STORY 01
여자 혼자서
짐 싸고 마음 챙기기

교보문고 북호스트 행사를 마치고 늦은 저녁 집으로 돌아왔다. '앗! 내일이 목포로 가는 날이구나!' 깜빡했다. 문제없다. 나에게는 여행의 기본 원칙 세 가지가 있다. 첫째 가능하다면 혼자 떠나라. 둘째 짐은 최소한으로 가볍게. 셋째 복장은 튀지 않게 입는다. 목포의 날씨를 상상하면서 생각이 나는 대로 손이 닿는 대로 짐을 한곳에 모았다. 여행이 일상이라 짐 꾸리는 것을 크게 고민하지 않는 편이다. 해외를 가도 떠나기 전날 대충 챙긴다. 여행 전에 짐 챙기다가 피곤해지는 것을 싫어하기 때문이다. 어떤 여행은 깜빡하고 챙기지 못한 물건 때문에 불편하기도 하지만 세계 어디를 가든 언제나 잘 있다가 살아 돌아왔다. 그러면 된다.

그런데 목포에서 지낼 짐을 하나둘 챙겨 놓고 보니 여행이 아니라 살러 가는 듯 짐이 많았다. 짐을 챙기는 나를 보니 여행 가서 눌러살게 될 것만 같은 예감이 스쳐갔다. 거의 이사 수준이라 짐을 한참 덜어내야 했다.

결혼하고 서울에서는 내내 아파트에 살았다. 언제부터인가 어린 시절 살았던 마당 있는 집이 그리웠다. 주택은 관리가 어렵다며 남편은 허락하지 않았고 그리움은 꿈으로만 고이 접어두고 있었다. 이번 기회에 목포 원도심 주택에 살게 되어 나는 한껏 들떠 있었다. 그런데 목포에서 한 달 동안 살아보기를 하러 혼자 간다는 것에 대해 주변에서는 긍정보다는 부정적인 반응이다. 이를테면 자주 받은 질문,

"여자 혼자서… 무섭지 않아?"
"잠자리 바뀌면 힘들 텐데."

"식구들은 엄마 없어서 어떡해?"
"국내여행을 왜 그렇게 오래 하나?"

우리는 어차피 정답이 없는 세상에 살고 있는데 마치 정답이 있는 것처럼 나의 선택에 대해 응원보다는 곱지 않은 말을 마구 던진다. 내 인생을 대신 살아 줄 것도 아니면서. 나는 주위의 시선을 의식하지 않고 산다고 말하지만 나 역시 사회라는 관계망에서 생각만큼 시원하게 자유롭지 못했다. 부정적인 말들이 쌓일수록 기를 펴지 못하고 주눅이 들었다. 그래서일까? 짐을 싸고 집을 돌아보니 '편한 집 놔두고 이건 뭔 고생스러운 일인가' 발목을 잡는 생각이 고개를 들면서 마음이 무거워졌다. 그러다 문득 드는 생각이 그들은 같은 경험을 한 번도 안 해 본 사람들이다. 그런데 그런 사람들의 말을 조언이라고 흘들려 상처받고 주저앉으려는 내가 한심하다는 생각이 들었다. 이건 옳고 그름의 문제가 아니다. 할지 말지 망설일 때는 해봐야 답을 알 수 있다. 내가 누구인가? 지금 있는 자리에서 나아지려고 노력하는 사람이다. 선택에 후회가 있더라도 그 과정을 통해 배울 수 있으면 손해 보는 시간이 아닌 것이다. 여행은 사서 고생하며 인생을 배우는 일이다.
우리의 인생은 자신을 주인공으로 하는 영화와도 같다. 이제부터 내가 주인공이 되어 찍으려는 영화의 제목은 '여자 혼자 목포에서 한 달 살기'이다. 과연 어떻게 펼쳐질까? sad ending? happy ending? 한 달 후 집으로 돌아오는 차 안에서 엔딩장면을 보여주겠지.

우리는 여행을 통해 자신을 본다.
세상과 마주 서는 법을 배우는 자신을!
두려움을 떨쳐버리기 위해
눈을 부릅뜨는 자신을!
세상과 마주하며 세상의 풍경을
자신의 가슴에 담아내려는 자신을!

-체 게바라*

*체 게바라(1928~1967) 쿠바 정치가.
저서로는 〈모터사이클 다이어리〉, 〈혁명전쟁 여행〉 등이 있다.

STORY 02
가슴 벅찬 첫 마음
기차 안에서

기차는 신기한 능력이 있다. 흔들리는 기차 안에서 차창 밖 풍경을 보고 있으면 자신 안에 타인이 들어있는 듯 나에게 말을 건다. 다정하게 나의 기분은 어떤지 묻기도 하고 '요즘 너무 바빠서 피곤했지. 여기서 좀 쉬어가'라고 다독여 준다. 기차는 앞으로만 달려가는 데 기차 안에서의 시간은 거꾸로 돌아 회상에 젖게 하기도 한다. 이런 기분 때문에 나는 기차여행을 좋아한다. '너는 왜 한 달 살기를 하려고 하는 거니?' 목포로 향하는 기차 안에서 나 자신에게 물어본다. '글쎄… 나는… 뚜렷한 목적 없이 있으려고 가고 있어….'

'나는 세상에 관심을 갖고 나의 관찰 정신을 시험하고 심사하고 있다. 나의 학문과 지식이 어느 정도인지, 나의 눈이 얼마나 빛나고 순수하고 맑은지. 마음 속에 파고들어 짓눌렀던 주름들이 다시 지워질 수 있는지를 알아보려는 것이다. 나 자신에게 신경 쓰고 늘 주의를 기울이며, 항시 의식하고 있어야 한다는 사실이 전혀 다른 정신의 탄력을 부여해 준다.' 독일 문학을 세계적 수준으로 끌어올린 위대한 작가 괴테는 이탈리아를 여행 하면서 자신과의 대화가 얼마나 중요한지 말하고 있다.

여행작가를 시작한 지도 10년이 훌쩍 넘었다. 시작할 때는 가슴 벅찬 첫 마음이 있었고 이 세상에 가치 있는 작가가 되겠다는 뜨거운 열정이 있었다. 그러나 지금의 나는 어떤가. 힘이 쭉 빠져있다. 더 나은 내가 되기 위해 자신과 대화를 하려면 여행이 답이다. 혼자 있는 장소를 마련하여 자신에게 조용히 집중할 시간이 필요하다. 변화 없는 삶, 발전이 없는 하루(인생)는 죽은 삶이다. 죽은 시체도 매일 매일 부패하면서 달라지는데 산 사람이 변화를 두려워할 수는 없는 일이다. 불편함이 주는 값진 이야기가 있을 것이다. 매 순간 내가 살아 숨 쉬고 있다는 것을 느끼려면 도전하는 삶을 살아야 한다. 어쩌면 한 달 동안 목포에 발이 제대로 묶이게 될지도 모른다. 심심해서 몸을 비비 틀며 꽈배기가 될지도. 아니면 너무 흥미로운 일들로 바빠서 피곤해 쓰러질지도. 나의 계획들은 언제 어떻게 변덕을 부릴지도 모른다. 다가올 내일은 아무도 모른다. 그래서 매일 처음 만나는 오늘이 기대되고 사는 일이 의미가 있는 것 아닐까?

지금 알 수 있는 것은 내 삶의 배경이 서울에서 목포로 바뀌고 있고 내가 곧 두 발로 서있을 곳이 목포라는 것뿐이다. 인생의 명장면이 목포에서 기다리고 있기를 희망하며 기차 안에서 이런저런 생각들을 해본다.

"땅은 그 곳과 인연을 맺은 사람 때문에
후세에 전해지는 것이지
단지 경치가 빼어나서 전해지는 것은 아니다."

- 강세황, 〈송도기행첩〉 중에서

*강세황(姜世晃, 1713~1791) 조선 후기의 문인·화가·평론가.
한국적인 남종문인화풍을 정착시키고 진경산수화를 발전시켰고,
풍속화·인물화를 유행시켰으며, 새로운 서양화법을 수용하는 데 기여했다.

STORY 03
잘 부탁한다
피카소게스트하우스

여행이 직업이다 보니 해외에서 한 달은 기본이고 일 년을 살면서 여행을 한다. 그러나 국내에서는 한 달을 쭉 머물면서 여행을 해본 적이 없다. 국내를 소개하는 책도 여러 권 출판했지만 서울집을 오가며 좋은 날에만 취재와 사진 작업을 했다. 전남지역에서 〈남도에서 한달 여행하기〉 신청을 받는다는 소식을 접하고 나는 망설임 없이 목포를 선택했다. 다른 지역도 있었는데 왜 목포였을까? 〈가고 싶은 섬〉 가꾸기 일로 전남도청(무안)에 갈 때마다 목포를 다녀 보았는데 보면 볼수록 매력 있는 지역이었다.

한 달 동안 머물 숙소는 10일씩 세 곳으로 예약했다. 목포시에서 다양한 게스트하우스를 경험해 보라고 권했기 때문이다. 게스트하우스 명단을 받아 들고 고민에 빠졌다. 여행의 조건 중에 내가 가장 중요하게 생각하는 것이 잠자리이다. 숙소가 불편하면 잠을 제대로 못 자고 다음날 피곤해서 어떤 즐거움도 내 것이 안 된다. 그렇다고 그 많은 숙소를 다 돌아보고 정할 수도 없는 노릇이었다. 모두 검색해 보고 체험후기에 의지해 선택할 수도 있지만 그러고 싶지 않았다. 모든 것은 운명이라 생각하기로 했다. 직관적으로 마음에 드는 이름을 선택해 숙소를 예약했다. 첫 숙소는 〈피카소게스트하우스〉로 정했다.

이름에서 느껴지듯이 내부는 갤러리에 온 듯 멋진 유화 그림들로 전시되어 있었다. 방 안으로 들어가니 테이블에 맛있는 무화과가 놓여있었다. 게스트하우스 주인의 환영해주는 따슨 마음을 읽을 수 있었다. 침대에 누워 바라 본 벽에는 항구에서 쉬고 있는 배를 그린 그림이 있었다. 여기가 게스트하우스 맞아? 아주 단정하고 깔끔한 숙소이다. 나는 이곳이 마음에 쏙 들었다. 빨강머리앤 전시에서 가져온 포스터, 시베리아 철도여행에서 데려온 러시아 인형, 매일 파이팅할 수 있게 해주는 내 사진, 언제든 일을 할 수 있는 노트북, 읽을 책들이 테이블에 정리되었다. 낯선 여행지에서 안정감을 주는 물건들이 제자리를 잡고 나니 갑자기 졸음이 쏟아졌다. 목포에 도착하면 제일 먼저 하고 싶은 것이 푹 쉬는 거였다. 실컷 자고 일어나서 슬리퍼를 신고 목적 없이 동네를 돌아다니며 빈둥거리는 것이 목포에서의 첫 계획이었다.

너와 나는 오늘부터 1일! 목포, 잘 부탁한다~

피카소게스트하우스
전화 010-8139-5581
주소 전라남도 목포시 호남로64번길 23

진동횟집
섬세한 칼끝으로 손질된 자연산 활어회를 맛 볼 수 있는 곳. 가정식 찬과 바로 지어 제공하는 밥맛이 남다르다. 회뿐만 아니라 버섯 국물과 함께 제공되는 '굴비 정식'과 활어회를 얹어내는 '활어초밥 정식'이 인기메뉴다.
영업시간 11:00~22:00
전화 061-243-3555
주소 전라남도 목포시 영산로62-1

갯벌 속 인삼, 낙지
목포의 아홉 가지 맛

세발낙지는
가는 다리를 갖고 있어서
붙여진 이름이에요.

낙지는
갯벌 속 인삼이라는 별칭이
있을 정도로
건강에 좋은 보양식이에요.

정약전의 자산어보에서는
낙지 서너 마리를 먹이면

비실거리던 소도 강한 힘을
갖게 된다고 했어요.

그 이유는 낙지의
전체 영양성분 중 34%가
타우린이기 때문이에요!

콜레스트롤도 분해하고,
인삼 한 근에 버금가는
낙지 먹고 힘냅시다!

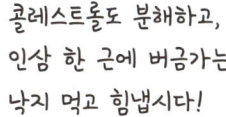

젓가락에
둘둘 감아먹고~
연포탕도 먹고~

나는 긴 여행을 통해
세상 속에서 자신을 시험하고 단련했다.

- 공자*

*공자는 중국 고대의 사상가. 유교의 시조이며 고대 중국 춘추시대의 정치가·교육자, 노나라의 문신이자 작가이면서 시인이다.

STORY 04
길이 말을 걸어 올 때
목원동 옥단이길

목포시에서 매월 진행하는 '옥단이길 정기투어'에 참여했다. 해설사의 이야기에 푹 빠져 걷다 보니 같은 길이 다른 옷을 입은 듯 특별했다. 목포역에서 왼쪽으로 방향을 잡고 걷다 보면 오거리가 나온다. 이곳에서는 오거리라는 이름을 상호로 사용하고 있는 상점들이 눈에 들어온다. 여기서부터 동원본사(오거리문화센터)로 가는 방향과 근대역사관으로 가는 방향이 달라진다. 해설사의 설명을 듣고 보니 이웃하는 두 지역의 차이점이 확실하게 보였다. 1897년 목포 개항 이후 근대역사관 인근 지역은 일본인이 목포진 해안을 매립하여 거주하면서 자동차도 다닐 수 있는 길에 격자형으로 시가지를 개발했다.

맞은편은 유달산을 병풍 삼아 조선인들이 하나둘 모여 고단한 몸을 누울 작은 집들을 두 손으로 짓고 살았다. 일본인과 조선인 거주지역의 경계였던 오거리는 늘 시끄러웠다. 목포의 이미지가 거칠다고 알려진 것은 오거리에서 분을 못 참고 일본인들에게 강하게 대항했던 조선인의 모습에서 연유한다고 한다. 조선의 열혈청년이라면 무력으로 조선 땅을 빼앗은 일본이 고울 리 없고 억울하지 않은 일이 없으니 주먹을 휘두를 수밖에 없었으리라.

목포의 심장이라고 하는 목원동을 걷다 보면 곳곳에서 옥단이를 만난다. 옥단이는 물동이를 이고 있는 어린 소녀인데 목포 원도심의 골목을 누비며 물장수로 살았던 실존인물이다. 그 소녀의 이름은 차범석의 희곡 '옥단어!'의 주인공이다. 사람이 거주하는 공간, 집이라는 곳은 무엇이 제일 필요할까? 여러 가지가 있겠지만 그중에서 물이 제일 절실하다. 목포 개항이후 일본인 마을은 유달산에서 내려오는 물을 이용해 급수시설을 확보했지만 자연발생적으로 만들어진 조선인 마을은 삶의 생존 조건인 식수 사정이 심각했다. 좁은 골목 안까지 물동이를 지고 나르는 물장수 옥단이가 필요했던 것이다. 물 뿐이었을까? 목숨을 간신히 붙잡고 살았던 사람들의 고단함을 어찌 다 헤아릴 수 있을까? 문득, 홍콩 구도심 도보 투어가 생각났다. 아편전쟁 이후 홍콩은 영국에게 할양되었다. 영국은 배에서 내려 이제부터 이곳은 영국 땅이라고 깃발을 꽂았고 그 자리에서부터 투어가 시작된다.

목원동 골목길에서 백 년 전 시간을 보다.

사람이 살만한 좋은 땅은 영국인들이 차지해 홍콩 현지인의 삶은 척박한 땅으로 내몰렸다. 주거할 땅이 부족해 사람들의 밀도가 높아졌고 별수 없이 구들장 아래 돼지를 키우기도 했다. 결국 병이 돌아 수천 명이 죽어 나가면서 시체는 공원에 쌓였고 한꺼번에 태워졌다. 죽은 자들은 선향의 연기 속에 명패만이 남아 그 시절을 잊지 말라고 후손에게 말하고 있다. 홍콩의 올드타운 도보 투어는 나에게 강렬한 인상을 남겼다. 홍콩의 화려함에 눈이 멀었던 나는 보이는 것과 진실 사이의 간극을 경험했던 것이다. 영화 매트릭스의 장면이 오버랩 되었다. 세상을 보는 방식을 크게 변화시킨 여행이었다.

옥단이가 누비고 다녔던 목원동은 21곳을 연결하는 동선으로 그 길을 따라 걷다 보면 곳곳에서 길이 말을 걸어온다. 홍콩의 올드타운 투어가 나에게 홍콩의 진짜를 보여 주었듯이 옥단이길은 목포의 속살을 보여준다. 오래된 길은 옛날이라는 과거와 지금이라는 현재를 연결하고 있다. 나는 오늘 100여 년 전 옥단이가 무거운 삶을 물동이에 메고 지나간 그 길을 두리번거리며 따라 걸었다.

 유달면옥
100% 국내산 콩과 신선한 재료로 만든 콩물과 두부를 선보이는 곳. 신선하게 만들어내는 콩물과 두부를 활용한 '콩국수'와 '순두부찌개'. 두부 본연의 맛을 즐길 수 있는 '생두부' 등 다양한 요리를 맛볼 수 있다.
영업시간 09:00~22:00
전화 061-287-4432
주소 전라남도 목포시 후광대로105번길 8

목원동에는 옥단이길이 있어요

옥단이길

옥단이길은 목원동 역사골목 탐방로. 유달산과 목포역 그리고 남교시장을 기반으로 발달한 목원동은 상가와 주거지를 연결하는 작은 골목길에 근대역사유적들이 남아있다. 옥단이길을 따라 걷다 보면 1897년 개항 이후 근대도시 목포에 살았던 조선인들의 숨결을 느낄 수 있다. 목포시에서는 목원동 일대를 해설사와 함께 걸으며 여행하는 목포시간여행과 옥단이길 정기투어를 진행 중이다. 신청은 도시재생지원센터에 전화(061-2430-8995)로 문의 후 예약하면 된다.

1. 목포역 (START)
2. 오거리
3. 동원본사 (오거리문화센터)
4. 로데오 광장
5. 노라노미술관 (우체사터)
6. 정광정혜원
7. 노적봉
8. 만인계터
9. 구종명비 (최초 목포경찰서터)
10. 콩나물동네 (무지개구름다리)
11. 목포 청년회관
12. 불종대
13. 벽화골목
14. 유달예술타운
15. 북교동 성당 (김우진 문학산실)
16. 북교초등학교 (역사관)
17. 양동교회
18. 중앙먹통시장
19. 남진생가
20. 박화성생가터
21. 차 없는 거리

전체 탐방 소요시간 3~4시간(4.6km)

목원동에서 맛보는 다양한 먹을거리

쑥굴레 쑥굴레는 음식이름이자 목포 유명맛집의 이름. 쑥굴레는 쑥을 빚어 만든 찹쌀떡 경단에 콩고물을 묻힌 후 묽은 조청에 굴려 먹는 간식이다.

중깐 중깐이라는 이름은 중화루의 간짜장이라는 의미. 중국요리를 먹고 난 후 부담 없이 먹을 수 있는 짜장면으로 유명한 맛집이다.

바게트 빵 오거리의 상징인 코롬방 제과점은 전국 5대 빵집 중 하나로 가장 인기 있는 빵의 종류는 '바게트'이다.

순대골목 중앙먹통시장 안으로 가면 순대를 비롯하여 순대국, 곱창전골, 족발을 파는 순대골목이 유명하다.

콩물 목원동에는 콩나물동네라고 불리는 골목길이 있다. 그 골목길의 모든 집들이 콩나물을 재배하여 바로 앞 남교시장에 내다 파는 걸로 생계를 유지했다. 그래서 목원동 지역에는 콩물과 관련된 요리가 자연스럽게 발달했다.

밥 한 숟가락
목으로 넘기지 못하고
사흘 밤낮을
꼼짝 못하고 끙끙 앓고는

그제야 알았습니다.
밥 한 숟가락에 기대어
여태
살아왔다는 것을

- 시인 서정홍, 〈밥 한 숟가락에 기대어〉

*착한 시인으로 불리는 서정홍은
〈우리 집 밥상〉, 〈쉬엄쉬엄 가도 괜찮아요〉 등의 시집이 있다.

STORY 05
오늘은 뭘 먹을까?
무화과

어김없이 찾아오는 식사시간! 혼자 하는 여행은 다 좋은데 딱 하나, 밥 먹는 것이 어렵다. 혼밥을 하기 위해 〈청춘, 핫 플레이스〉 지도를 꼼꼼하게 살폈다. 눈에 들어오는 이름이 있었다. '온도'? 음식점 이름이 독특하다는 생각이 들었다. 검색해 보니 이탈리아 음식점이고 오전 11시 30분에 문을 연다. 피카소게스트하우스는 조식이 없어서 아침밥을 건너뛰고 〈온도〉 레스토랑 앞을 서성이며 문이 열리기를 기다렸다. 굶주린 동물이 먹이를 찾아 어슬렁거리는 것 같아 살짝 처량하다는 기분이 들었다. 집을 떠나 오롯이 혼자 낯선 곳에 살면서 후회 없는 삶을 위해 생각이라는 것을 해보자고 시작한 나홀로 살기에서 혼밥은 반드시 넘어야 할 산이었다. 마음을 꽉 잡아야 했다. 작가라는 직업은 시간에 딱 맞춰 살아지지 않아 밥 먹는 일에 대해 크게 고민하지 않는다. 밥 먹기 위해 사는 것이 아니라 일을 하기 위해 밥을 먹는다고 생각하기 때문에 최소한의 시간에 식사를 대충 해결하는 쪽이다. 일을 시작하면 주로 밤을 새워 새벽까지 할 때가 많아 평소에 아침은 안 먹는다. 그런데 목포에서 한 달 살기를 시작하면서 나는 아침뿐 아니라 수시로 배가 고팠다. 타지에서 아플까봐 걱정이 많아서였을까? 어떤 결핍이 밥으로 채우라고 명령을 하는 것 같았다. 하루 중에서 식사시간이 중요한 일이 되어 버렸다.

레스토랑 문이 열리고 하루의 첫 식사를 하기 위해 자리를 잡았다. 메뉴판을 받아 들고 바로 고민에 빠졌다. 명란크림파스타, 해산물로제파스타 둘 중 하나를 먹고 싶었으나 스테이크샐러드도 먹고 싶었다. 뭘 선택해야 후회가 없을까? 참으로 고민이 되는 일이었다. 이럴 때 식사를 같이할 사람이 있다면 두 개를 주문해 모두 맛을 볼 수 있을 텐데. 한참을 망설이다가 스테이크샐러드를 주문하고 레스토랑 내부를 살폈다. 레스토랑 인테리어가 흥미로워 하나하나 살펴보는 재미가 있었다. 프랜차이즈 식당에서는 느낄 수 없는 주인의 마음이 전해졌다. 나올 음식이 기대되었다. 내가 들어오고 얼마 지나지 않아 순식간에 손님들로 만석이 되었다. 나 홀로 테이블을 차지하고 앉아 있기가 미안했다. 음식이 나왔다. 앗! 엄청난 양의 스테이크샐러드였다. 마치 산 하나가 내 앞에 놓여 있는 듯 했다.

그리고 그 산 위에는 당당하게 열매라 불리는 꽃, 무화과가 듬뿍 올라가 있었다. 목포에서 맛본 무화과는 어린 시절에는 먹어보지 못한 새로운 맛의 세계이다. 무화과를 국내에서 처음 재배한 것은 1930년대 초라고 한다. 그런데 나는 최근에서야 목포를 오가면서 입안에서 탁탁 터지는 달콤한 무화과의 매력에 푹 빠졌다. 여름과 가을에 목포역에 내리면 광장 끝 횡단보도를 건너는 양쪽으로 무화과를 파는 곳이 있다. 무화과는 껍질이 빨간색과 초록색 두 종류가 있다. 처음에는 익고 안 익은 차이인 줄 알았는데 승정도우핀 품종이 빨간색이고 바나네 품종이 초록빛을 띤다. 무화과는 여름에 나는 하과(夏果)와 가을에 나는 추과(秋果)가 있어 5개월 동안 무화과를 맛볼 수 있다. 설탕에 절인 듯 단맛의 무화과는 너무 맛있어서 한 번도 안 먹어 본 사람은 있어도 한 번만 먹은 사람은 없다고 한다.

 온도

'음식이 익는 온도'라는 의미를 지닌 상호에서 가장 중요한 기본을 잃지 않으려는 셰프의 뚝심이 느껴지는 이탈리안 레스토랑. 크림소스에 명란의 식감과 매콤함을 가미한 '명란크림파스타'와 불고기 향과 크림소스의 풍미가 만난 '불고기크림리조또'가 인기메뉴.
영업시간 평일 11:30~21:00 주말 12:00~21:00
브레이크타임 15:00~17:30 매주 월요일 휴무
전화 010-2907-5343
주소 전라남도 목포시 호남로58번길 28

진정으로 이해한다는 것은
머리뿐 아니라 온 감각으로 느끼고
체험하는 일이다.
그래야 그 앎이 삶에서
가치를 발휘할 수 있다.
예술은 그렇게 실천된다.

- 톨스토이*

*톨스토이는 러시아의 소설가이자 시인, 개혁가, 사상가이다.
사실주의 문학의 대가였으며 세계에서 제일 위대한 작가 중 한 명으로 꼽힌다.

STORY 06
별난만세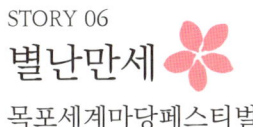
목포세계마당페스티벌

나는 매우 운이 좋은 사람임에 틀림이 없다. 목포에서 한 달 살기를 시작하자마자 〈목포세계마당페스티벌〉이 열렸다. 개막놀이 '별난만세'부터 폐막놀이 '고시레 파티'까지 축제의 모든 행사를 참여하느라 3일이라는 시간이 정신없이 신나게 지나갔다. 이 축제를 참여하려고 목포에 온 사람 같았다. 이렇게 멋진 세계적인 민간축제가 해마다 목포에서 열리는 줄 몰랐다. 올해는 목포 4·3만세운동 100주년을 기념하여 별난만세로 시작했다. 4m 높이의 거대인형들의 눈트임 행사는 매우 인상적이었다. 몽골, 아제르바이잔, 베트남, 볼리비아 등 해외에 가야 만나볼 수 있는 귀한 음악공연들도 이어졌다.

축제를 마무리하는 고시레는 전통문화 관습을 현대적으로 재해석한 파티였다. 액막이, 의례예술, 비나리 덕담으로 훈훈하게 진행되었다. 가장 목포스러운 공연들이었기에 축제의 가치가 돋보였다. 내가 살아 있는 동안 참여를 못 해 봤으면 땅 치고 후회할 훌륭한 축제였다. 목포세계마당페스티벌 공연 중에 고구려밴드의 아라리락콘서트가 있었다. 고구려밴드는 한국의 전통음악 리듬을 녹여서 현대적인 락으로 회생시킨 대한민국 유일의 락밴드이다. 노래가 너무 좋아 뒤늦게 시작한 밴드 활동을 지켜보면서 어려운 길을 잘 헤쳐 나갈 수 있을까 걱정했었다. 시간이 지날수록 대한민국에서 독보적인 아라리락을 펼치면서 해마다 더욱 멋지게 잘해내고 있어 대견하고 고마웠다. 우리가 언제 어느 공연에서부터 만나 알게 되었는지 기억이 안 날 정도로 오래된 고구려밴드의 보컬 이길영이 목포에서 공연을 하니 그냥 넘어갈 수 없었다. 점심을 같이 먹었다. 목포라는 제3의 장소에서 애정하는 후배의 공연을 응원할 수 있고 밥 한 끼를 사줄 수 있어 기쁜 마음이었다.

도시가 아름다우려면 예술이 살아 숨 쉬어야 한다. 극단갯돌 창작 시리즈 〈청춘연가〉 공연이 태풍13호 링링으로 근대역사관 야외무대에서 유달예술타운으로 변경되어 장소면에서 살짝 아쉬웠지만 혼자 보기 아까운 공연이었다. 〈청춘연가〉는 일제강점기의 근대음악을 극화시킨 작품으로 음악 편곡작업에 이길영(고구려밴드)이 참여했다.

 목포세계마당페스티벌
사람과 사람이 어우러져 화해하고 상생하는 인간성회복을 추구하는 축제이다. 남도문화예술의 씻김과 신명을 실천기반으로 하고 있으며 가장 전라도적인 문화를 구성형식으로 삼고 한국의 미의식인 마당을 재해석하여 실천하고 공동체 세상을 지향하는 축제이다.

 조선쫄복탕
대표 메뉴인 쫄복탕은 작은 복어의 일종인 쫄복으로 끓여낸 탕이다. 쫄복탕은 싱싱한 쫄복을 뼈와 함께 채소 국물에 푹 고아내며 해독 작용이 풍부한 재료를 따로 끓여 국물에 첨가한 후 어죽처럼 걸쭉하게 끓여낸다. 이렇게 완성된 뽀얀 쫄복탕에 미나리를 얹어내는데 속풀이에 그만이다.
영업시간 08:00~20:00 연중무휴
전화 061-242-8522
주소 전라남도 목포시 해안로 115

 ## 잔치상에는 홍탁삼합!
목포의 아홉 가지 맛

잘 삭힌
알싸한 홍어,
묵은지,
돼지고기에

막걸리 한 사발.

목포에서 맛보는
홍탁삼합!

홍어는
남도사람들이
즐겨먹던
음식으로

지금도
남도에서는
잔치상에
홍어가 없으면
안된다 한다.

홍어의 코는
가장 귀하고 맛있어
귀한 사람에게만
준다고 한다.

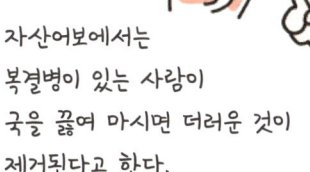

자산어보에서는
복결병이 있는 사람이
국을 끓여 마시면 더러운 것이
제거된다고 한다.

세종실록지리지는
홍어가 임금님께
진상하던 음식이라고 한다.

홍어는 서해안 바다에
광범위하게 살고

홍어는 사계절
언제 먹어도 탈이 없다.

더 먹고 싶어...

깨 — 끗!

세상이 아름다운 것일까?
아름다움을 찾고 간직하려는 마음이
아름다운 것일까?

STORY 07
내 가슴 터질듯 하늘을 날아보는
목포해상케이블카

목포에서의 일상이 시작되자마자 목포세계마당페스티벌이 열려 혼자라는 생각을 할 사이도 없이 흥겨운 시간을 보냈다. 이제부터 뭘 할까? 생각하고 있는데 〈목포해상케이블카〉 개통 소식으로 목포가 들썩였다. 북항스테이션에서 열린 개통식 날에 사람들이 구름같이 몰려들었다. 이날은 목포에서 사람을 가장 많이 본 날이기도 하다. 미디어에서는 기대감을 높이는 기사가 쏟아져 나왔다. 목포해상케이블카는 총 길이 3.23km(육상 2,414m, 해상 820m)의 긴 탑승거리와 산과 바다 그리고 섬을 아우르는 볼거리로 베트남 빈펄케이블카를 능가하는 아시아 최고의 노선이라고 한다.

낮에는 새처럼 날아 유달산의 아찔한 비경을 감상하고 해질 무렵에는 다도해의 금빛 낙조를 즐기며 밤이 되면 야경의 반짝임에 빠진다. 승강장은 북항스테이션, 유달산스테이션, 고하도스테이션 세 곳이 있다. 북항스테이션에서 탑승해서 왕복으로 되돌아오는데 40분이 걸린다. 케이블카에 탑승할 때 캐빈을 선택할 수 있는데 빨간색은 일반캐빈이고 흰색은 크리스탈캐빈으로 바닥이 투명해 발아래 풍경이 보인다. 크리스탈캐빈은 일반캐빈보다 비용이 비싸지만 대부분 용감하게 크리스탈캐빈을 선택한다. 캐빈은 10인승이기 때문에 모르는 사람들과 같이 크리스탈캐빈을 타게 되었다. 연세가 많으신 할머니 두 분과 어르신을 모시고 온 따님과 탑승했다. 크리스탈캐빈은 유달산 나무 위를 지날 때도 마음이 쫄깃했는데 바다 위를 지날 때는 발아래를 볼 용기가 나지 않았다. 내 가슴 터질 듯 바다 위를 날아보는 멋진 순간이지만 나는 겁쟁이라 떨리는 마음을 지우려고 할머니에게 말을 걸었다. "할머니, 안 무서우세요?" 바다 위의 풍경이 너무 신기하고 재미있다고 대답하신다. 와우~ 멋쟁이 할머니! 그래 이렇게 배짱 좋으신 어머니들이시니 오늘까지 씩씩하게 자녀들을 잘 키우셨겠지. 유달산스테이션에서 고하도스테이션으로 넘어가는 중간지점에는 세계 최고높이의 케이블카 타워가 우뚝 서 있다. 높이가 무려 155m에 이른다. 목포에 머무는 동안 목포해상케이블카를 세 번 타 보았다. 대부분 중간 스테이션에서 하차를 안 하고 왕복만 하는데 북항스테이션에서 출발한다면 유달산스테이션에 꼭 내려보길 권한다.

유달산스테이션에 내려 옥상으로 올라가면 넓은 전망대가 있다. 이곳에서는 360도로 목포를 조망하기 좋다. 왼편으로 보면 유달산 풍경에서 시작해서 목포시가지가 파노라마로 펼쳐지고 오른편으로 살피면 멀리는 목포대교, 가깝게는 목포해양대학교가 보인다. 시원한 바람과 초록산 그리고 푸른 바다가 어우러진 멋진 풍경이다. 인생사진이 필요하다면 이곳은 목포에서 놓쳐서는 안 될 포토존이다. 다음 스테이션인 고하도스테이션에서 내리면 용오름길을 걸어볼 수 있다. 이순신 장군의 발자취*를 따라가며 여유 있게 전체 코스를 완주해도 좋고 시간이 허락하는 만큼만 걷다가 되돌아와도 섬이 주는 풍경을 만끽할 수 있다. 목포해상케이블카 왕복 소요시간은 40분이다. 그렇지만 목포해상케이블카를 제대로 즐기려면 2시간 이상의 시간을 여유 있게 준비해야 한다.

*이순신 장군의 발자취는 STORY 25. 목포와 이순신장군(155쪽)을 참고하세요~

 뜰채

주문 즉시 낙지를 산 채로 잡아 조리하므로 부드러운 식감이 일품인 낙지 전문점. 바나나를 넣어 부드러운 단맛과 질감을 살린 특제 양념으로 빠르게 볶아낸 '낙지볶음'과 보리새우를 넣어 시원하게 우려낸 육수에 산낙지를 넣어 끓여 먹는 깔끔하고 시원한 국물의 '연포전골'이 인기메뉴.
영업시간 10:30~21:00 첫째·셋째 수요일 휴무
전화 061-244-9995
주소 전라남도 목포시 해양대학로 229

아찔한 비경을 경험해 보세요
목포해상케이블카

유달산

높이 228m 개골산, 영달산으로 불리던 유달산. 낙조 유경이 아름답기로 이름났다. 유달산은 일출과 낙조를 비롯해 아름다운 자연의 변화를 모두 만끽할 수 있는 귀한 산이다. 신선이 두팔을 벌리고 덩실덩실 춤추는 형상의 유달산. 품에 도시를 안은채 바다를 등진 덕에 도시는 물론 바다까지 내려다 볼 수 있다.

유달산스테이션

북항스테이션

고하도

목포항과 2km 거리를 둔 채 유달산을 마주한 섬 고하도. 산 아래에 자리한다고 하여 고하도라 부른다. 영산강 하구에서 목포 앞바다를 따라 길게 뻗은 고하도는 자연스럽게 내륙과 서해를 연결한다.

목포대교

두 마리의 학이 날개짓하는 형상의 목포대교는 명실상부 목포의 랜드마크이다. 목포 북항과 고하도 사이에 놓인 다리는 고유의 연결기능을 넘어 섬과 육지의 소통을 의미한다.

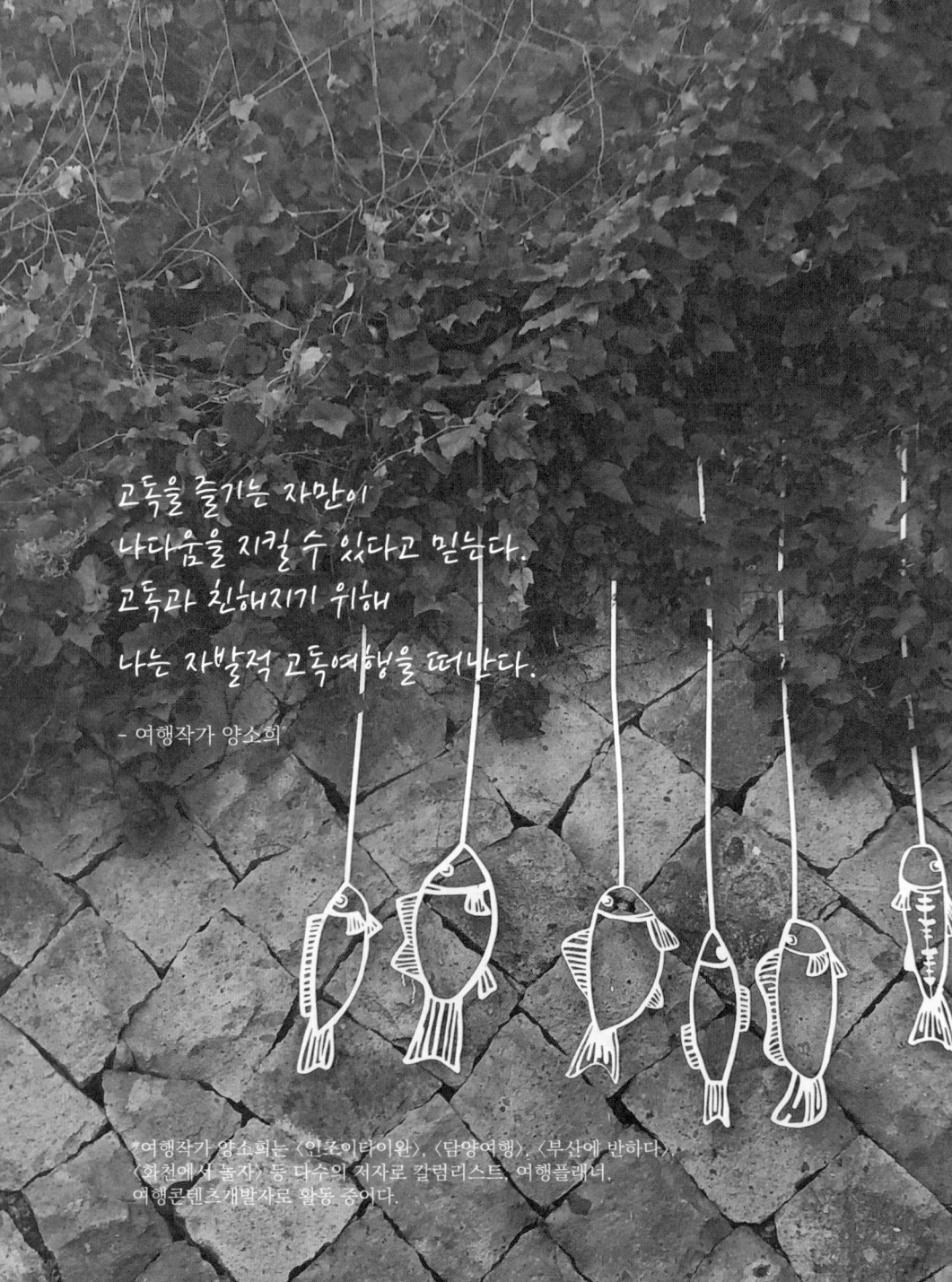

STORY 08
여행의 이유
자발적 고독

먼 곳을 바라보는 새를 보면 언제든 바로 떠날 수 있을 것만 같다. 이 땅에 사는 우리들 중에 새처럼 영혼이 가벼운 사람은 얼마나 될까? 일상에서 자유로운 몸은 또 얼마나 될까? 저 새와 함께 훨훨 날아 어디든 가고 싶다는 생각을 해본다. 많은 사람들이 가슴 속에 여행을 꿈꾸고 있지만 삶의 크고 작은 걸림돌로부터 자유롭기는 쉽지 않다. 그럼에도 불구하고 여행을 하는 이유는 무엇일까? 나의 여행은 직업이라 일반적인 여행자와는 입장이 많이 다르다. 여행을 위해서 여행을 하는 경우도 많다. 진짜 여행은 자유여행이고 단체여행은 나쁘다고 여행을 일반화하는 사람들이 있다.

그건 좋고 나쁘고의 문제가 아니고 각자의 사정이 있으니 타인의 여행방식을 비웃는 것이 진짜 나쁜 것이다. 사실 여행은 사람마다 다른 것이고 그래야만 한다. 가장 만족할 수 있는 여행은 먼저 어디로 갈까를 알아보는 것이 아니라 여행을 떠나려고 하는 나를 살펴보는 것이 우선되어야 한다. 내가 누구인지를 알아야 한다. 내가 좋아하는 취향에 맞춰 여행을 하다보면 만족도가 높아 자연스레 가심비*가 높아진다. 개인적으로 여행의 지존은 석가모니가 아닐까 싶다. 그에게 여행이 없었다면 해탈도 없고 불교도 없었을 것이다. 여행을 하는 이유는 많겠지만 여행을 통해 잠자던 영혼을 깨워 소중한 자신을 좀 더 알게 되는 기회로 삼았으면 좋겠다.

목포에서 나는 혼자 살고 있다. 누구나 성가신 일들로부터 도망쳐 간절하게 혼자 있고 싶을 때가 있다. 그렇지만 혼자 남게 되는 고독감이 두려워 쉽게 떨치고 떠나지 못한다. 고독감의 최고 정점은 혼밥이다. 최근에는 1인가구가 많아 혼자 밥 먹기가 지겨워 누군가를 불러 밥을 사면서 고독을 희석시켜보려 애쓰는 '쓸쓸비용'이라는 신조어도 생겼다. 이런 정황들이 '고독은 곧 불행'이라는 인식으로 자신을 각인시킨다. 외로움과 고립이 우리를 불행하게 만드는 경향이 있는 것은 부정할 수 없는 사실이다. 사회적 동물이기 때문에. 그런데 정말 혼자 있는 시간이 나쁘기만 한 것일까?

*최근에는 가성비보다 가격 대비 마음의 만족을 추구하는 소비 형태라는 뜻의 가심비를 중요하게 여긴다.

고독을 경험한 후에 다른 사람에게 느끼는 공감능력이 더 향상되기 때문에 가끔씩 혼자 있는 시간을 갖는 것만으로도 다른 사람들과의 관계를 증진시킬 수 있다. 사람들과 더 충실한 관계를 가지고 싶다면 자발적 고독을 가져볼 필요가 있다. 고독의 유익함을 알고 즐기는 법을 알게 된다면 그곳에 나다울 수 있는 키워드가 숨어 있다. 나다움을 지키려면 고독과 친해져야 한다. 나는 목포에서 오직 나와의 시간을 보내며 자발적 고독여행 중이다. 고독은 사람을 죽이는 병이 아니라 포용력을 가진 나로 만들어 주고 타인과의 공감력을 높여 인간관계를 넓혀주는 유익함이 있다고 믿는다. 백지상태에서 나에게 질문하고 스스로 답을 찾아가면서 단단한 나를 만들 예정이다.

 덕인집

목포에서 홍어로 둘째가라면 서러운 곳이다. 목포 구도심에 자리하여 40여 년 넘는 세월이 켜켜이 쌓였다. 매장에 들어서면서부터 홍어 특유의 향이 풍겨온다. 이곳에서는 흑산도 홍어를 삭힘 정도에 따라 다양하게 맛볼 수 있으며 3년 이상 묵힌 묵은지와 담백한 돼지 수육을 곁들인 조합은 언제나 옳다.
영업시간 12:00~23:00 명절, 월요일 휴무
전화 061-242-3767
주소 전라남도 목포시 영산로73번길 1-1

날고 싶은가?
그렇다면 버려라
가벼워야 날 수 있으니

날고 싶은가?
그렇다면 멈추지 마라
멈추면 떨어질 것이니

날고 싶은가?
그렇다면 확신을 가지지 마라
확신을 하는 순간 붙잡히게 될 것이니

- 송치복*의 '생각의 축지법' 중에서

*송치복은 철학 전공자로 〈성공의 축지법〉 〈생각의 축지법〉 등의 책을 썼다.

정보가 생활을 편리하게 해주는 듯 하지만 사실 너무 많은 정보 때문에 괴롭다. 내 관심사도 아닌데 원하지 않아도 불필요한 정보들이 쌓여 피로감옥 속에 살고 있다. 그래서 정기적으로 과부하된 머릿속을 비우는 단일화 전략이 필요하다. 이럴 땐 낯선 세상으로 나를 데려가 고독을 주는 여행이 처방전이다.

책이란 넓디 넓은 시간의 바다를 지나가는 배이다.

- 프랜시스 베이컨*

*프랜시스 베이컨은 영국의 철학자, 정치인이다. 데카르트와 함께 근대 철학의 개척자로 알려진다.

STORY 09
여행은 우연이다 ❋
지구별서점

불종대 건너편에 위치한 독립서점* 〈지구별서점〉이 흥미로웠다. 게스트하우스를 오가는 길에 있어 매일 만났지만 인연이 아니었는지 항상 문은 닫혀있었다. 어쩔 수 없이 유리창에 눈을 바짝 대고 안을 살펴보았다. 아기자기한 분위기는 마치 장난감이 살고 있는 세상 같았다. 그러던 어느 날 기적같이 문이 열려있어 망설이지 않고 들어갔다. 장소와 딱 어울리는 30대 초반의 여자가 반겨 주었다. 몇 마디 나누자마자 나는 불쑥 가방에서 옥수수를 꺼내 한 개씩 먹자고 건넸다. 목포역 앞에서 산 따끈따끈한 옥수수에서는 김이 모락모락 올라왔다.

*독립서점은 개인 취향대로 꾸며진 작은 서점이다.

처음 본 사람이 준 것을 선뜻 받아먹기가 어려웠을 텐데 우리는 마주 보고 맛나게 옥수수를 먹었다. 그녀는 울퉁불퉁 별 모양도 없는 내 팔찌에 관심을 보였다. 풀어서 보여주니 모양을 인공으로 만든 것이 아니라 제멋대로 생긴 열매로 엮어 만든 팔찌가 너무 마음에 든다고 했다. 나는 그녀에게 행복하냐고 물었다. 너무 원초적인 질문이었을까? 그녀는 대답 대신 빙그레 웃었다. 목포에 독립서점이 다섯 곳 있다는 것을 그녀를 통해 알게 되었다. 모든 곳을 다녀볼 계획을 세웠다. 신기하게도 이날 이후에는 서점을 지날 때마다 문이 열려있어 반갑게 인사를 하고 지나갔다. 이렇게 안다고 웃으며 반갑게 인사할 사람이 시간이 지날수록 하나둘 늘었다.

 나무포

    '나무포'는 한우 갈비로 이름난 음식점. 매일 새벽 당일 판매할 소갈비를 손질하며 사과, 생강, 고추, 배 등 천연 재료를 갈아 넣어 만든 양념에 정성스럽게 재워두어 부드러운 육질과 감칠맛을 만든다. '양념갈비구이', '갈비찜정식', '영양솥밥'이 인기메뉴.

영업시간 08:00~21:00 둘째·넷째 일요일 휴무
전화 061-243-8372
주소 전라남도 목포시 수문로 19-1

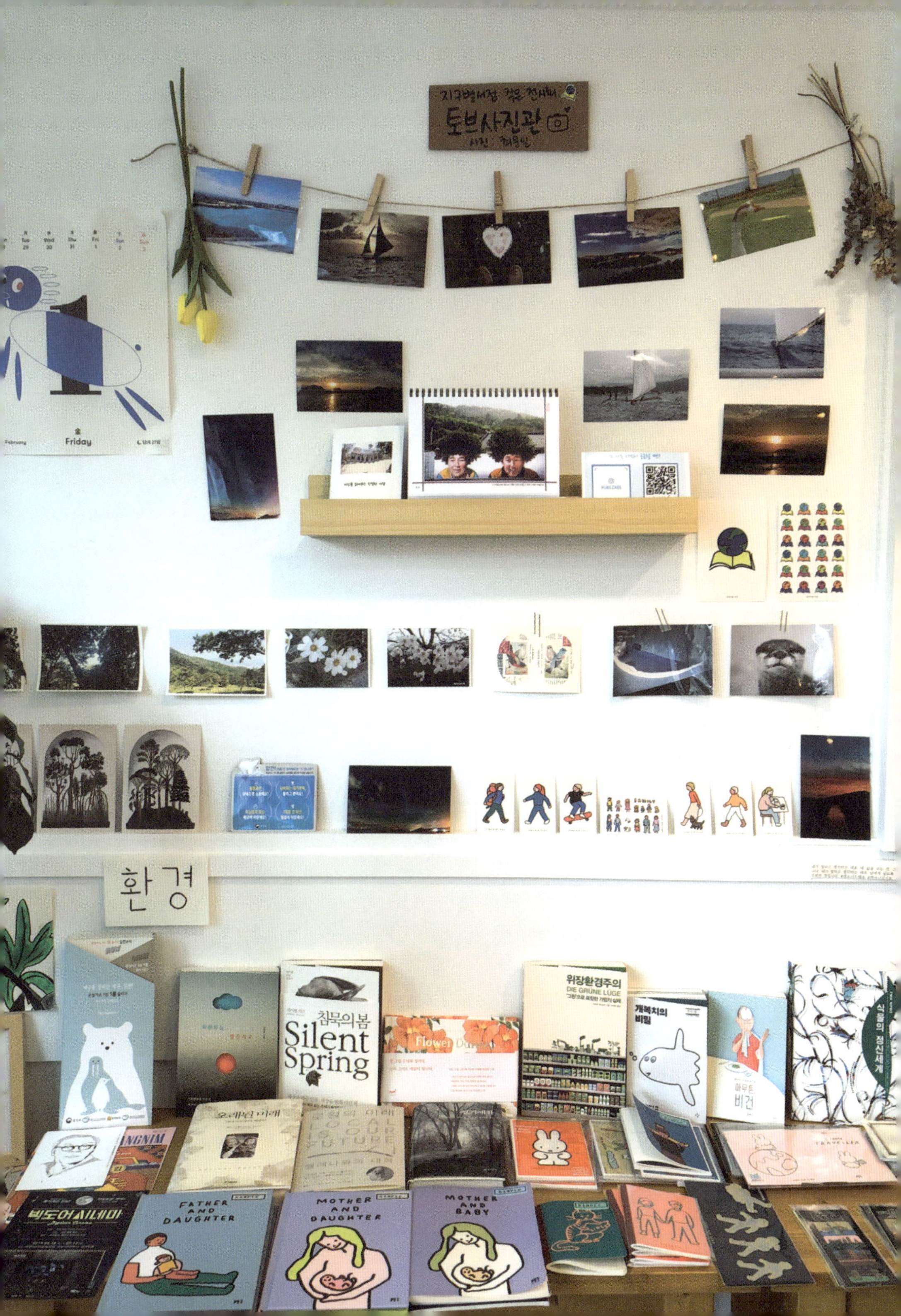

지구별서점 작은 전시회
토브사진관
사진 : 최용일
Friday
환경
침묵의 봄
Silent Spring
위장환경주의
DIE GRÜNE LÜGE
개복치의 비밀
아무튼, 비건
식물의 정신세계
오래된 미래
LOCAL IS OUR FUTURE
빅도어시네마
FATHER AND DAUGHTER
MOTHER AND DAUGHTER
MOTHER AND BABY

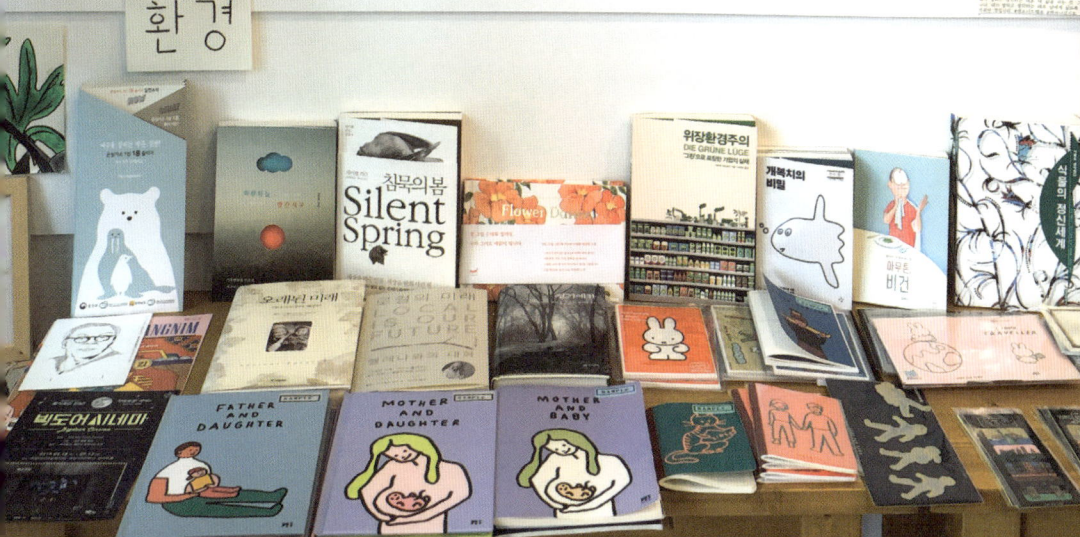

 ## 민물고기의 고래, 민어
목포의 아홉 가지 맛

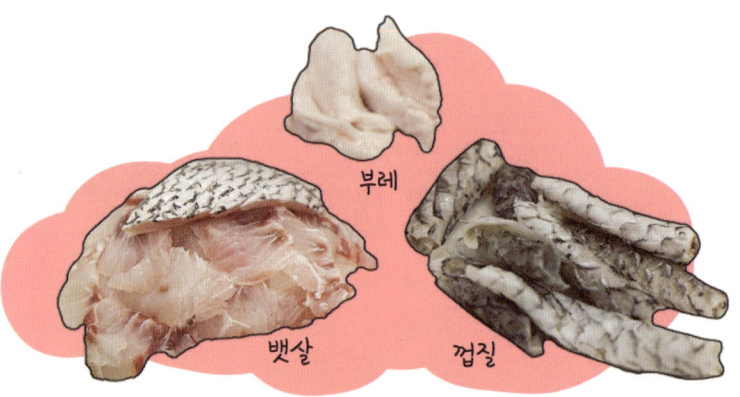
부레
뱃살
껍질

지느러미

동의보감을 살펴보면
민어는 맛이 좋고 독이 없고,
부레로는 아교를
만들 수 있다고 한다.

민어의 부레는
찹쌀떡처럼
쫀득하고 기름지다.

'민어가 천냥이면 부레가 구백냥'이라는 말이 생길 정도로 부레는 귀하게 여긴다.

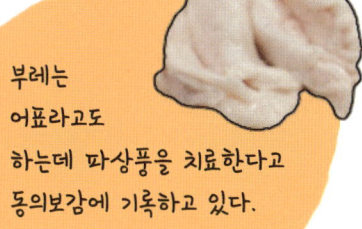

부레는 어표라고도 하는데 파상풍을 치료한다고 동의보감에 기록하고 있다.

민어는 1주일 정도 갯바람에 말린 후에 찜으로 조리하거나 탕으로 요리하면 그 맛이 일품이다.

민어는 6월~10월까지가 제일 맛있는 시기로 목포에서는 신안군 임자도 근처에서 잡히는 것을 최상품으로 친다.

STORY 10
도서관, 목욕탕, 휘트니스
목욕탕 이야기

한때 살아남기 시리즈 책이 유행한 적이 있었다. 문득, '목포에서 살아남기'를 하려면 무엇이 필요할까? 꼭 필요한 세 가지를 재미삼아 적어 보았다.

1. 도서관 2. 목욕탕 3. 휘트니스

낯선 곳에서 한 달을 산다는 것은 어떤 곤란한 상황이 생길지 알 수 없는 일이다. 이 세 가지만 있으면 나는 잘 지낼 수 있을 것만 같았다. 도서관은 독립서점으로, 휘트니스는 유달산 둘레길로, 그리고 동네 목욕탕에서 현지인들을 사귀면서 세 가지 조건을 모두 충족했다.

두 번째 숙소 〈오래뜰게스트하우스〉에 도착해 짐을 풀자마자 목욕탕은 어디를 가면 좋은지 알려 달라고 했다. 같이 가면 더 좋겠다고 했더니 같이 가는 것은 절대 안 된다고 정색을 하며 단호하게 거절을 했다. '여자끼리 목욕탕 가는 일이 뭐 큰일이라고 내외를 하다니' 나는 피식 웃었다. 말을 꺼내고 다섯 밤을 보내고 나서야 게스트하우스 주인언니로부터 전화가 왔다.
"목욕탕에 갈래요?"
"네, 당장 달려갑니다."
삼광모텔 사우나는 고색창연한 인테리어가 목욕탕의 역사를 알려주는 박물관 같았다. 예스러움을 그대로 간직하고 있어서 빈티지하다고 봐야할까? 어쨌든 독특한 분위기가 신기했다. 항상 이렇게 한적한 것인지 저녁식사를 준비하는 시간이라 그런지 사람들이 나를 포함해서 다섯 명이었다. 그런데 목욕탕 안이 마치 자기 집인 양 수다 목소리가 높아 목욕탕이 울리다 못해 들썩일 정도였다. 이야기 삼매경에 하하 호호 마냥 즐거웠다. 무슨 이야기가 그렇게 재미질까하고 들어보니 여자는 결혼이 안 좋으니 안할 수만 있다면 하지 않아야 한다는 문제를 두고 각자 결혼하게 된 경험담을 말하고 있었다. 이야기 중에 들어간 나는 길을 다니다가 전화 받고 바로 달려와서 목욕 장비가 하나도 없었다. 여자들은 멀티플레이가 가능하다는 것을 실감했다. 나를 스캔한 손님들은 이야기를 하면서 자연스럽게 이것저것 선뜻 자신의 물건들을 빌려준다. '인심 좋구나. 목포!' 그렇게 나도 함께 이야기에 합류하여 하하 호호 웃으며 시원하게 씻고 나왔다.

 오래뜰게스트하우스
전화 010-4136-1137
주소 전라남도 목포시 북교길 27

 삼광모텔 사우나
전화 061-245-1633
주소 전라남도 목포시 호남로 38(남교동)

 담은 하늘채
순수 비건(채식) 식당. 육류 및 생선류, 꿀과 액젓, 조미료를 일절 쓰지 않은, 자극적이지 않고 깔끔한 음식들이 속을 편안하게 해준다. 건강에 관심 있는 사람들이 자주 찾는 곳으로 일주일에 4~5회씩 오는 단골도 있다. 국산콩으로 직접 띄운 간장, 신안에서 띄워오는 제철 재료로 만든 50~60가지 음식들이 뷔페식으로 준비된다.
영업시간 11:30~15:30 매주 일요일 휴무
전화 061-284-6277
주소 전라남도 목포시 평화로 38-7

STORY 11
무담시 와갔고 고생하요
태풍 링링

아니 이럴 수가! 서울에서 산다는 것과 목포에서 산다는 것이 같을 수는 없지만 예상 못 한 일이 생겼다. 새벽 3시 눈이 떠졌다. 새벽 1시쯤 잠이 들었으니 2시간 남짓 잠을 잔 셈이다. 내가 머물고 있는 오래뜰게스트하우스는 주택으로 마당을 곁에 둔 방이라 자다가 태풍이 지나가는 소리를 듣고 그 힘에 놀라 눈이 떠졌다. 거대한 바람이 소용돌이치고 소리를 지르며 달려오는 듯했다. 어둠 속에서 꼼짝 못 하고 눈만 깜빡이며 '뭐지?' 놀라고 있었다. 정체를 가늠하기 어려운 그 무엇은 힘의 크기가 어마어마했다. 세상을 통째로 날려 버릴 것만 같았다. 너무 두렵고 무서웠다. 순간이동을 해서 집으로 가고 싶은 마음이 절실했다.

서울 살 때는 이런 경험을 해 본 적이 없었다. 해마다 때때로 TV 뉴스에서 태풍의 긴박함을 알리는 기자들의 다급한 멘트도 많은 사건들 중에 하나라고 무심하게 지나쳤다. 아침 뉴스를 보니 "오전 6시 28분에 제13호 태풍 링링이 전남 신안군 흑산도에서 순간 최대풍속 54.4m/s를 기록했고, 태풍이 가거도를 지나면서 최대 순간풍속 초속 52.5m의 강풍과 150여㎜ 폭우로 방파제 옹벽 100여m가 유실됐다"고 한다. 태풍이 목포를 지나간 것은 아니었고 신안을 지나면서 영향권에 있었을 뿐인데 위력이 대단했던 것이다. 그렇다면 태풍이 직접 지나가는 곳은 어떤 상황일까? 바다와 함께 사는 지역은 온몸으로 태풍을 맞으며 이렇게 살고 있었구나. 먼바다에 있는 외로운 섬들이 걱정되었다. 태풍 링링은 홍콩에서 제출한 소녀의 애칭으로 태풍의 피해가 작아지길 바라는 마음으로 귀여운 이름을 붙였다고 한다. 태풍이 지나가고 큰 비가 계속 내렸다. 밖에 나갈 엄두가 나지 않았지만 밥은 챙겨 먹어야하니 큰 우산을 챙겨 들고 밖으로 나왔다. 거리는 푹 젖어 있었다. 이런 날은 내 집에서 감자, 호박, 파 송송 썰어 넣고 수제비를 끓여 먹으면 좋을 텐데. 마음은 자꾸만 떠나 온 서울집으로 향했다. 이른 새벽에 느꼈던 태풍의 충격은 아직도 나를 흔들고 있었다. 걸음을 재촉해 중화루로 향했다. 비 오는 날에는 면요리가 제격인지라 오늘 점심은 1950년대 개업해서 3대째 이어오고 있는 음식점으로 결정했다. 중화음식점은 보통 짜장면이 인기이지만 이곳을 대표하는 메뉴는 '중깐'이다. 중깐이라는 이름은 '새참'을 의미한다.

가늘게 뽑은 사각형 면발에 잘게 다진 채소와 고기를 듬뿍 넣어 강력한 화력으로 뽑아낸 소스가 특징이다. 식사를 잘 마쳤으니 다음 코스로 쪼그라드는 마음을 보듬어 줄 따뜻한 차 한 잔을 마시고 싶었다. 혼자라는 기분을 지워줄 카페가 있으면 좋겠다는 생각을 했다. '여기는 뭐하는 곳일까?' 인형이 가득한 가게를 발견했다. 창밖에서 안을 살펴보다가 비행기를 들고 있는 인형이 궁금해 문을 열고 들어갔다. 〈오월의 하루〉는 공방 카페였다. 인형은 물론이고 가죽, 목공, 비누 등 다양한 공예 체험이 가능했다. 나도 인형을 만들 수 있는지 문의해 보니 가능하다고 한다. 태풍 때문에 마음이 어수선하고 비가 쏟아져 돌아다니기도 어려워 나는 바느질을 시작했다.

목포에 머무는 한 달 동안 나는 두 번의 강한 태풍을 경험했다. 9월 7일 제13호 태풍 링링이 가거도에 순간 최대풍속 54.4m/s를 기록했고 이어 9월 22일 제17호 태풍 타파가 여수에 순간 최대풍속 42.2m/s를 기록하며 지나갔다. 2019년은 1월 1일 발생한 태풍 파북을 시작으로 29개의 태풍이 발생하였다. 이는 1971~2000년의 1년 태풍 발생 평균 기록인 26.7개보다 높은 수치를 기록했다.

 중화루
1950년 개업하여 3대째 이어오고 있는 중화음식점. 이곳을 대표하는 메뉴는 짜장면이 아니라 생소한 이름의 '중깐'. 여러 재료를 혼합하여 정성스러운 숙성 과정을 거친 튀김 반죽을 입혀 양파 기름으로 튀겨낸 탕수육도 맛있다.
영업시간 11:00~20:30 매월 2회 부정기적 휴무
전화 061-244-6525
주소 전라남도 목포시 영산로75번길 6

STORY 12
질문을 따라가는 삶
오월의 하루

태풍과 매일 내리는 비는 목포에서 한 달 살기에 큰 변수가 되었다. 애초에 거창한 목표나 꼼꼼한 계획은 없었지만 무의식 속에 이러 저러하리라는 예측그림이 있었다. 그 속에 바느질은 없었다. 그렇지만 길게 고민하지 않고 바로 인형을 만드는 바느질이 시작되었다. 신기하게도 바느질은 당장 집으로 가버리고 싶은 마음을 목포에 잘도 꿰매 놓았다. 〈오월의 하루〉 송샘은 겉으로 보이는 내 모습만 보고 '이분이 과연 바느질이 가능할까? 완성을 못 하면 어쩌나' 하는 걱정을 했다고 한다. 송샘은 나를 잘 모르고 괜한 염려를 한 것이다.

나는 바느질을 아주 잘한다. 초등학교 실과 시간에 바느질 수업을 할 때 내가 우리 반에서 가장 잘했다. 물론 그때도 선생님과 친구들이 모두 의외라고 놀랐지만. 나는 운동을 너무 좋아해서 쉬는 시간이면 총알처럼 달려 나가 남자아이들과 축구, 야구, 피구, 발야구를 즐겼기 때문이다.

〈오월의 하루〉 공방카페에서 바느질을 하다 보니 잊고 있었던 어린 시절이 방울방울 떠올랐다. 종갓집이라 대가족이 모여 살던 우리 집은 늘 분주했고 매일 잔칫집같이 시끄러웠다. 어릴 때부터 대중 속의 고독이랄까 그런 고독감이 존재했다. 너무 많은 식구들이 한집에 모여 살다 보니 여섯 형제 중에 다섯째인 나는 존재감이 없었다. 내가 밥은 먹었는지, 학교에 갔다가 언제 왔는지, 아무도 관심을 갖지 않았다.

몇 학년 때였는지 정확하지는 않지만 아마도 초등학교 4~5학년 때였을 것 같다. 나는 인형을 직접 만들어 가지고 있었다. 집에서 나의 사소한 이야기까지 귀 기울여 들어주는 친구는 인형뿐이었다. 그 인형 또한 나와 같은 신세로 내 서랍 속에서 나만 기다리고 있었다. 그러던 어느 날 엄마가 방을 정리하다가 인형을 발견하고 너무 무섭다고 버리라고 야단하셨다. 나에게는 귀엽고 예쁘기만 했는데 결국 그 인형은 어디론가 버려지고 그 추억 또한 오랫동안 잊고 있었다.

묻고 또 묻고… 정말 나는 지금 잘 살고 있는 것일까? 고민하고 있을 때 내가 스스로 답을 찾아내도록 운명은 나를 이곳으로 이끌었던 것 같다. 목원동은 내가 태어나서 자랐던 동네와 많이 닮아있다. '질문 자체를 사랑하세요. 주어지지 않는 답은 그냥 놔두세요. 지금 막 떠오르는 질문에 따라 사세요. 그러다 보면 답을 찾아가는 삶을 살고 있을 겁니다.' 시인 릴케가 고민 많은 청년에게 들려준 이야기처럼 바느질을 한 땀 한 땀 하면서 나의 어린 시절을 떠올리며 내가 뭘 좋아하고 무엇을 잊고 살아왔는지 조금씩 알게 되었다. 현재를 잘 다스리기 위해서 과거의 경험을 잘 다룰 필요가 있었다.

 공방카페 오월의 하루
영업시간 10:30~21:30 매주 일요일 휴무
전화 010-9245-1043
주소 전라남도 목포시 영산로75번길 4-2

 쑥굴레
목포 원도심에 위치한 분식점. 대표 메뉴는 쑥을 넣어 먹기 좋은 크기로 둥글게 반죽한 떡에 고물을 묻힌 후 조청을 부어 떠먹는 전통 간식 '쑥굴레'. 분식점 대표의 어머니가 한국전쟁 직후 봄철 노지쑥을 뜯어 만들어주던 추억이 담긴 음식이다.
영업시간 11:00~21:00 명절 휴무
전화 061-244-7912
주소 전라남도 목포시 영산로59번길 43

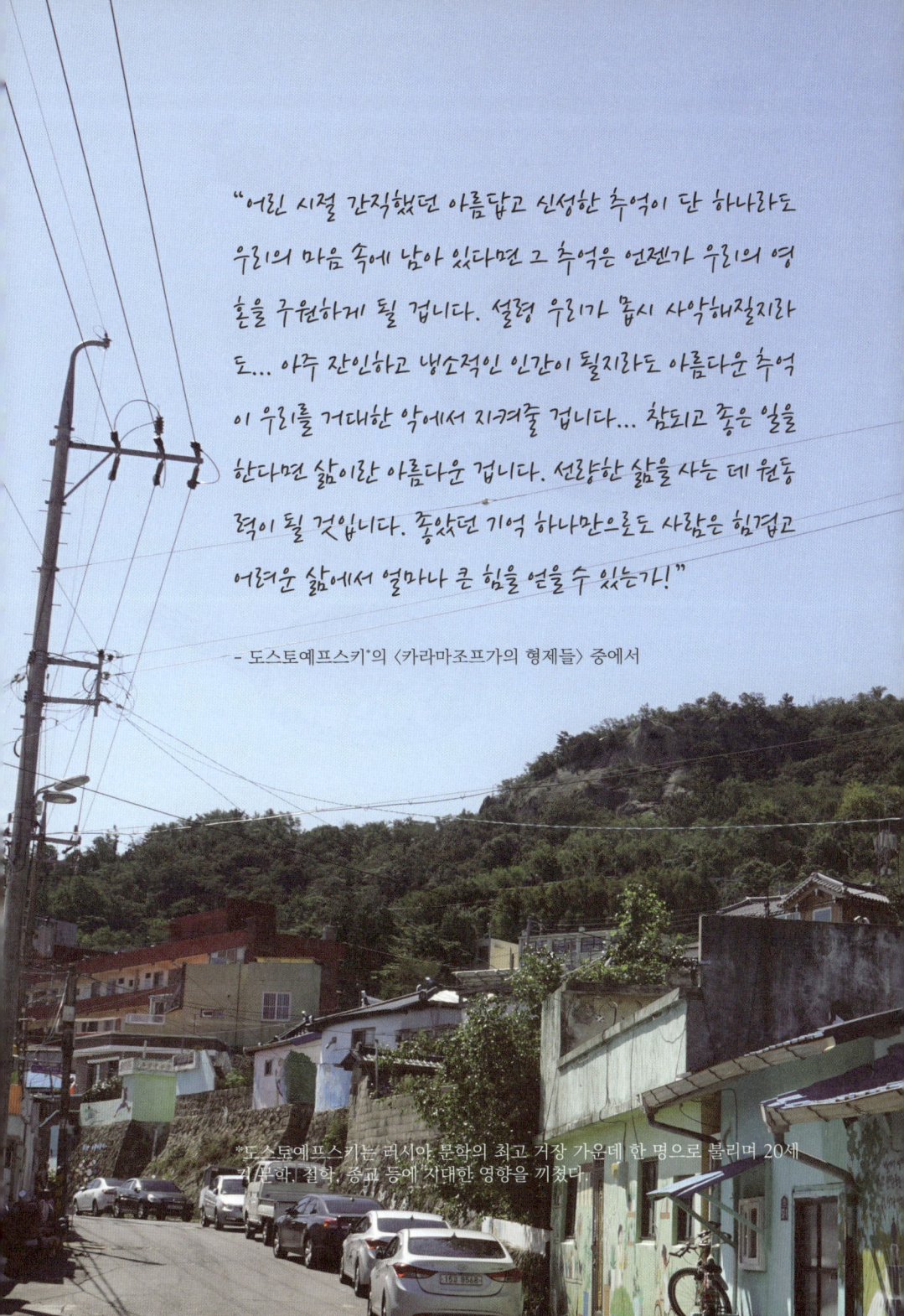

"어린 시절 간직했던 아름답고 신성한 추억이 단 하나라도 우리의 마음 속에 남아 있다면 그 추억은 언젠가 우리의 영혼을 구원하게 될 겁니다. 설령 우리가 몹시 사악해질지라도... 아주 잔인하고 냉소적인 인간이 될지라도 아름다운 추억이 우리를 거대한 악에서 지켜줄 겁니다... 참되고 좋은 일을 한다면 삶이란 아름다운 겁니다. 선량한 삶을 사는 데 원동력이 될 것입니다. 좋았던 기억 하나만으로도 사람은 힘겹고 어려운 삶에서 얼마나 큰 힘을 얻을 수 있는가!"

- 도스토예프스키*의 〈카라마조프가의 형제들〉 중에서

*도스토예프스키는 러시아 문학의 최고 거장 가운데 한 명으로 불리며 20세기 문학, 철학, 종교 등에 지대한 영향을 끼쳤다.

입맛 싹 도는 꽃게무침
목포의 아홉 가지 맛

살이 꽉 찬 꽃게를
양념에 버무려 내 놓으면

꽃게의 단맛과
감칠맛 나는 양념이
일품이다.

참기름과 김가루가
얹어진 밥에
슥슥 비벼먹다 보면
밥 한공기가 뚝딱
사라진다!

꽃게가 많이 나는 봄에
1년 치 꽃게를 사서

냉동실에
넣어두면!

여름에도
비브리오 패혈증 걱정 없이
1년 내내 맛있는 꽃게를
먹을 수 있다.

산다는 것은 사랑한다는 것인가
사랑한다는 것은 산다는 것인가

- 시인 정호승, '윤동주의 서시' 중에서

*정호승 시인은 일상의 쉬운 언어로 현실의 이야기를 시로 쓰고자 했다.
시집으로는 〈서울의 예수〉, 〈별들은 따뜻하다〉 등이 있다.

STORY 13
사랑에 빚진 자
고호의 책방&동네산책

잠시 스쳐 가는 여행이 아니라 시간을 길게 두고 같은 장소를 마치 현지인처럼 일상으로 반복해서 걷고 있다. 오늘은 오래뜰게스트하우스 주인언니가 차려준 아침밥을 든든하게 챙겨 먹고 서둘러 독립서점 〈고호의 책방〉으로 가서 문을 열었다. 아마도 이 이야기를 들으면 그새 일자리를 구했나? 생각할지도 모르겠다. 인심 좋은 사람들이 사는 목포에서는 일자리를 구할 수도 있을 것 같다. 독립서점 고호의 책방에 처음 갔을 때 목포에서 한 달 살기를 시작했다는 나의 얘기를 듣고 서점 주인이 언제든 고호책방에 와서 글을 쓰라고 열쇠를 주셨다. 열쇠를 받아들고 나는 당황했다.

이렇게 좋은 공간을 언제든 사용하라고 허락해 준다고요? 말하지 않아도 책을 경외하는 내 마음을 읽어버린 것일까? 나의 수호천사가 지금 무슨 일을 벌이고 있는 것일까? 서점주인이 언제든 사용해도 좋다고 허락해서 시간이 날 때마다 음악을 듣고 책도 읽고 글도 쓰는 장소가 되었다. 복닥거리는 길에서 서점 문을 열고 안으로 들어가면 다른 세계가 기다리고 있었다. 마법이 시작되는 작은 서점에서의 여유는 〈목포에서 한 달 살기〉가 나에게 준 선물 중 하나였다. 무엇인가 놓친 듯 허둥지둥 살았던 시간들이 느린 걸음으로 걸으면서 하나둘 제자리를 찾아가고 있었다. 나는 목포를 여행하며 만난 사람들이 준 사랑에 빚진 자가 되었다.

고호의 책방 주인이 목포의 독립서점을 소개하면서 〈동네산책〉에 꼭 가보라고 권했다. 검색을 해보니 목포 MBC와 목포시립도서관 사이에 위치하고 있다. 차를 타고 가야 할 정도로 거리가 멀었다. 목원동에서 걸어서 갈 수 있는 곳이면 좋았을 텐데. 한 달 살기는 가능하면 두 발로 걸어 다니는 곳들만 가보려고 마음먹었기 때문에 갈까 말까 망설였다. 갑자기 피식 웃음이 나왔다. 서울을 생각하면 그리 먼 거리도 아닌데 내가 목포에서 살면서 달라졌기 때문이다. 고민하는 시간이면 벌써 도착했겠다는 생각이 들었다. 택시를 타고 독립서점 〈동네산책〉으로 향했다. 동네산책은 동화작가가 여행길에 목포가 좋아 눌러앉은 곳이라고 한다. 책방 이름처럼 평범한 동네에서 주인장이 엄선한 책들로 서점을 운영하고 있었다.

마침 햇살이 좋아 내 집 마당에 앉아 차를 마시는 듯 편안한 분위기가 좋았다. 왜 손쉬운 인터넷으로 지식검색을 하지 않고 굳이 책을 봐야 하는가 의문을 가질 수도 있으리라. 책만이 줄 수 있는 무궁한 지식이 있으며 책이 주는 깊이 앞에서는 누구나 겸손할 수밖에 없다는 것은 변하지 않는 진리이다. 또한 새로운 세상에 대한 안목은 많은 책을 읽으면서 그의 뇌 안에 둥지를 틀기 때문에 책읽기는 오늘도 소중하다. 동네산책에서는 책 속에 들어와 앉아있는 듯 조용함을 즐겼다.

JD인동주마을

목포의 별미인 홍탁삼합을 제대로 즐길 수 있는 음식점. 건강에 좋은 인동초를 넣고 양조한 약주와 막걸리를 빚어온 식당이다. 인동주를 반주로 곁들이며 즐길 수 있는 메뉴는 발명 특허를 인정받은 '인동초간장게장'과 돼지고기, 홍어, 김치에 인동초 막걸리를 곁들여 내는 '홍탁삼합'.

영업시간 10:00~22:00 명절 휴무
전화 061-284-4068
주소 전라남도 목포시 복산길12번길 11

나뭇잎이 벌레 먹어서 예쁘다.
남을 먹여가며 살았다는 흔적은
별처럼 아름답다.

- 시인 이생진*, '벌레 먹은 나뭇잎' 중에서

*시인 이생진은 섬과 바다의 아름다움을 노래한 대표적 원로 시인이다.
그는 대표작 '먼 섬에 가고 싶다'로 윤동주문학상,
'혼자 사는 어머니'로 상화시인상을 수상했다.

STORY 14
네가 있어서 참 다행이야 🌸
유달산 둘레길

여행하고 있는 지역을 알고 싶다면 우선 두 발로 걷는 게 중요하다. 여기서 걷는다는 것은 목적지를 정하고 빠른 길을 선택해 효율적으로 걷는 것과는 다르다. 길을 걸으며 두리번거리면서 생각해 보는 것이다. 무엇이 보이는지 눈으로 살피고 풍경을 쓰다듬어 보는 일이 이해의 첫걸음이 된다. 나는 살 집을 결정할 때 제일 먼저 걷기 좋은 길이 가까이에 있는지 확인한다. 괴로움에 휘둘릴 때 걷기로 평정심을 찾기 때문이다. 마음이 아프면 몸도 아프다. 몸으로 나타나는 병은 마음의 상처와 아픔의 반영인 것이다. 스트레스는 불면으로 이어지고 불면은 우울과 소화장애로 찾아와 몸을 상하게 한다.

산 속에 들어가 그저 멍하니 20분만 걸어도 스트레스 수치는 바닥으로 휘리릭 떨어진다. 내 건강은 좋은 길 걷기가 책임지고 있는 셈이다. 목포에 오자마자 유달산은 처음이라 동행해 줄 사람을 찾고 있었다. 산을 좋아하는 현지인을 만났고 선뜻 길 안내를 해준다고 약속했다. 함께 걷기로 한 날, 감동 도시락을 준비해 오셨다. 묵은지 안에 잘 들어가 앉은 돼지갈비, 연잎밥, 나물, 꽃차, 과일을 보자 눈물이 핑 돌았다. 왠지 모르게 벅찬 마음이 되어 눈물이 도시락으로 뚝뚝 떨어질 것만 같았다. 분위기가 어색해질 것 같아 나오는 눈물을 꾹 눌러 참았다. 잘 모르는 분이다. 비 오는 날 인형 만드는 공방에서 잠시 인사한 것이 전부였다. 유달산 둘레길을 동행해 주는 것만으로도 감사한데 정성스러운 밥을 준비해 오시다니! 어디서 또 이런 가슴 뭉클한 대접을 받을 수 있을까. 목포이기 때문에 가능한 순간이었다.

목포의 랜드마크인 유달산은 해발 228m로 그리 높지 않은 산이지만 볼수록 매력이 넘치는 산이다.

원래 산 전체가 거대한 바윗덩어리였다고 한다. 지금은 초록초록한 나무들 사이로 바위가 어우러져 비경을 연출하고 있다. 유달산을 걷다보면 거북바위, 코끼리 바위, 고래바위, 얼굴바위, 종바위, 손가락바위, 투구바위 등 다양한 바위 모양을 찾아보는 재미가 있다. 유달산 둘레길에는 문화유적이 많아 지나간 역사를 살피는 공부길로 삼아도 좋다.

시작점은 자신이 있는 곳에서 가까운 입구를 선택하면 된다. 나의 초행길은 학암사에서 시작해 수원지 뚝방길 방향으로 걸었다. 수원지에서 내려오는 시원한 폭포소리를 들으며 아리랑 고개에 접어들면 신안비치호텔이 보이고 발아래 툭 트인 다도해가 먼 길 찾아온 여행자를 반겨준다. 낙조대에서는 목포대교 바다를 붉게 물들이는 아름다운 해넘이 조망을 볼 수 있다고 하는데 해가 지는 시간이 아니라 눈을 가늘게 뜨고 잠시 상상의 나래만 펼쳐보았다. 낙조대에서 봉후샘으로 가는 길에서는 해양대학교와 신안으로 향하는 압해대교가 보인다. 봉후샘에서 잠시 쉬어가길 권한다. 양팔을 힘차게 저으며 빠르게 걸어야 운동이 된다고 하지만 그리 급하게 내달릴 일이 있을까? 내가 서 있는 발아래 땅을 이해하려면 고개를 들어 하늘도 올려봐야 한다. 걷는 길 좌우에는 무엇이 있는지 걸어온 길도 가끔은 돌아보며 걸어보자. 어민동산에서 조각공원으로 가다 보면 케이블카가 오고 가는 북항스테이션이 보인다. 멀리서 보면 장난감처럼 귀여운 케이블카가 이곳에서는 손을 내밀면 닿을 듯 가깝게 지나간다. 케이블카 탄 사람들과 인사가 가능할 것만 같아 아는 사람이 타고 있는 것은 아닌지 자세히 살펴보게 된다. 케이블카를 탔을 때 유달산을 내려다보는 풍경은 한 마리 새가 된 듯 신기하기만 했다. 그렇지만 유달산 둘레길을 걸어보니 사람의 욕심이 케이블카를 만들어 산을 불편하게 하는 것은 아닌지 미안한 마음이 들었다. 20분만 걸어도 스트레스를 날려주고 건강을 지켜주는 고마운 산인데 사람은 산에게 받기만 하고 무슨 보답을 하고 있는지 반성해 본다.

감동도시락을 준비해주고
유달산둘레길을 안내해준 고마운 목포 현지인
인심 좋은 목포라서 가능했다.

　조각공원에서 달성사로 가는 길에는 철거민 탑이 있다. 유달산을 아끼는 마음으로 정든 터전을 떠나간 사람들의 애환을 달래는 이 탑은 철거한 집의 돌을 쌓아 만들었다. 집을 완전히 철거하지 말고 이곳에서 살았던 사람들의 흔적을 알 수 있는 집 몇 채 남겨 두었다면 어땠을까. 잘 정리된 조각공원도 좋지만 지난 시간을 기억할 무언가를 남겨 두었다면 더 좋았으리라. 그곳에는 많은 이야기가 스며있었을 텐데. 무엇을 없애고자 할 때는 무엇을 남길 것일까에 대한 진지한 고민이 우선되어야 한다.

달성사와 목포시사를 들러 유달산 둘레길과의 첫 만남을 마무리했다. 이후에는 혼자 유달산 둘레길을 걸었다. 타지에서 온 지인들에게 유달산을 소개하며 함께 걷기도 했다.

유달산 둘레길을 걷다 보면 깊은 숲속에서 옹달샘을 발견하고 커다란 나무 아래 넉넉한 그늘에서 쉬기도 하고, 근심을 날려주는 시원한 푸른 바다를 만났다가 오밀조밀 집들로 가득한 도심 풍경을 만난다. 유달산은 갈 때마다 단 한 번도 같은 모습을 반복해서 보여주지 않았다. 목포사람들이 왜 그렇게 유달산을 아끼고 사랑하는지 알 것 같았다.

봉후마을의 유래

1970~1980년대에 유달산 봉우리 뒤쪽에 위치한다고 하여 봉후동 봉후마을로 불린 것으로 전해져 내려오고 있으며, 봉후샘은 당시 40~50가구 주민들이 식수와 빨래터 등 공동우물로 사용했던 곳이었다. 당시 마을 주변 밭에는 솔(부추)과 봄동을 재배하여 서울 등지로 판매가 이루어졌다고 하며, 각 가정에서는 소와 돼지 등 가축을 길렀다는 이야기를 마을 주민들로부터 전해 들을 수 있다. 봉후샘 주변에 집터와 가축 먹이통(구유) 흔적이 남아있어 이야기를 뒷받침하고 있으며 인근에는 인분을 거름으로 사용하기 위해 저장해 놓았다는 인분통이 있었다고 한다. 1982년 유달산공원화사업으로 거주민은 대부분 이주하였으며 현재 봉후샘은 유달산둘레길을 찾는 산행객들이 쉬어가는 쉼터로 이용되고 있다.

대청

한적한 구도심 골목에서 가정집을 개조해 운영 중인 만두 전문점. 목포 토박이 아내는 황해도 출신 남편과 결혼 후 시어머니께 정통 이북 만두를 배웠다. 강황을 넣은 노르스름한 만두피에 다양한 재료를 넣고 만두를 빚는 것까지 남의 손을 거치지 않고 직접 만들어 만두에서 정성 가득한 손맛을 느낄 수 있다.

영업시간 11:00~15:00 매주 수·일요일 휴무
전화 061-243-5141
주소 전라남도 목포시 유동로42번길 22

여기도 걸어보면 좋아요
걷기 좋은 목포 둘레길

유달산

유달산은 해발 228m로 그리 높지 않은 산이지만 기세가 웅장하다. 일등봉에 올라서면 서해안의 바다와 무안, 영암, 해남, 신안의 연안 지역이 한눈에 조망되어 바다와 섬들이 어우러진 아름다움이 표현하기 어려울 정도이다. 고래바위, 애기바위, 얼굴바위, 흔들바위, 종바위, 장미바위, 거북바위 등 만물상을 연출하는 바위들이 조물주의 신비함을 느끼게 한다.

6.3km, 소요시간 약 2시간 30분

*목포 앞 바다에 있는 **고하도 용오름 둘레길**은 STORY 26. 당신의 웃음 너머(161쪽) 편에서 자세히 소개하고 있습니다.

🟢 양을산

용해동에 있는 산으로 시가지의 북쪽에 위치하고 있다. 산의 높이는 151m로 남북으로 2km가 넘게 뻗어있다. 피톤치드와 테르펜 음이온을 발산하는 30년생 편백 나무가 숲을 이루고 있어 산림욕을 하기에 좋다. 숲을 체험하고 산림욕을 하기에 좋은 장소로 숲을 체험하고 숲과 소통할 수 있는 공간이다.

🟢 입암산

입암산은 높이 121m의 산으로 남동쪽 끝에는 천연기념물 제500호 갓바위가 있다. 산 높이는 낮지만 날씨 좋은 날 정상에 오르면 목포 시가지는 물론 멀리 영암 월출산, 은적산, 현대삼호중공업, 압해대교 등이 모두 시원스럽게 조망되는 산이다.

같은 차(茶)라도 그 맛을 더해주는 것은
누군가를 위해 우려낸 마음에 있다.
사람의 마음은 기운으로 전해지기 때문이다.

STORY 15
마음이 머무는 곳 🌸
오래뜰게스트하우스

episode1

국내에서 오롯이 한 달 동안 살면서 여행을 한 곳은 목포가 처음이다. 내가 10일의 시간을 지낸 〈오래뜰게스트하우스〉는 안채와 뜰 건너 집이 있는데 주로 여자들이 이용하는 숙소이다. 가족단위의 손님인 경우는 바깥채에 머물며 남자들도 오지만 대부분 여자들의 세상이다. 그런 점이 편해서인지 오래뜰에는 단골손님이 많았다. 여자들은 처음 만나도 쉽게 어울리는 장점이 있다. 술을 마시지 않는다는 주인 언니는 아침식사를 하면서 와인이 한 병 있으니 저녁에 먹고 싶으면 먹으라고 손님들에게 제안했다. 나는 저녁에 안주가 될 만한 먹거리를 사가지고 게스트하우스로 들어왔다.

치즈와 간식을 차려 놓고 위풍당당 자태를 뽐내는 와인의 입을 열려고 하는 순간, 주인장을 포함한 네 명의 여자들은 모두 난감해졌다. 누구도 와인 병마개를 여는 방법을 알지 못했다. 뭐 별 방법이 있겠냐면서 와인 수업을 들어 보았다는 어린 여자손님1은 오프너를 돌렸다. 코르크가 밖으로 나오는 것이 아니라 병 안으로 조금씩 밀려 들어갔다. 멈추고 다시 열 방법을 고민하고 궁리를 했지만 코르크를 병 안으로 밀어 넣고 대충 먹는 수밖에 없는 상황이었다. 여자손님2는 유튜브를 검색해서 시도를 하자고 제안했고 검색의 힘이 성공하여 와인병을 오픈할 수 있었다. 애써 오픈한 와인의 맛은 실망스럽게도 매우 평범했다. 그런데 신기하게도 와인 한 병이 그날 밤 술을 마실 줄 모르는 여자 넷의 마음을 아주 말랑말랑하게 만들었다.

episode2

게스트하우스에서 만난 여자손님1이 아침식사를 하면서 함께 점심을 먹자고 제안을 했다. 먹고 싶은 음식이 있는데 반드시 2인이 가야 주문이 가능했기 때문이다. 목포로 여행 온 20대 여자 여행자가 검색으로 찾은 맛집은 어디일까 궁금해서 "무조건 OK~"하고 따라나섰다. 게스트하우스에서 10분쯤 걸어가 도착한 곳은 〈장터식당〉이었다. 아직 오픈 전인데 음식점 문 앞에는 인기를 실감하는 대기줄이 있었다. 뭐 길래?? 궁금해지는 맛을 빨리 맛보고 싶어 마음이 설렜다. 〈장터식당〉은 꽃게요리 전문점으로 꽃게살만 나와 먹기 편한 음식이었다.

갓 지은 하얀 쌀밥에 꽃게살을 김에 싸서 먹는데 입안으로 들어가자마자 살살 녹아 어디로 갔는지 사라졌다. 한참 맛나게 먹다가 정신을 차려 보니 식당 안을 가득 채운 사람들은 어르신이 많았다. 꽃게는 딱딱한 껍질을 벗긴 후 먹어야 하는데 이 식당은 속살만 맛나게 나오니 그럴 만하다는 생각이 들었다. 동행했던 그녀와는 식사를 마치자마자 쿨하게 헤어졌다.

*오래뜰게스트하우스는 10일 간 묵었던 숙소이다.

episode3

딸이 만삭이라 걱정이 된다고 서울에 다녀온 게하* 주인언니는 늦은 시간 돌아왔다. 가방을 내려놓자마자 거실에서 시작해 한바탕 집을 뒤집듯 털고 닦고 청소를 했다. 손님이라고는 나밖에 없는데 그냥 침대에 누워버려도 될 일인데. 딸을 가까이에서 돌봐주지 못한 미안함 때문에 속상해서일까? 어디서 힘이 나오는지 몸 상하는 줄 모르고 일을 한다. 엄마라는 이름은 어찌 그리도 고달픈 숙명을 지고 있는지. 게하에 깊은 밤이 찾아오자 창밖에서 귀뚜라미 소리가 창을 타고 넘어 들어 왔다. 몇 마리의 소리이기에 이토록 공간을 꽉 채우는 소리일까? 자연이 노래하는 사운드. 참으로 오랜만에 듣는 반가운 소리이다. 이제 목포에서 한 달 살기가 딱 반이 지났다. 참으로 알 수 없는 시간을 걷고 있는 중이다. 상상조차 해보지 않은 길에 들어와 있다. 하루하루 시간이 휙휙 지나가고 있다. 자체 평가를 해본다. 나 스스로 '나쁘지 않아.'라고 말하고 있다. 목포에서 난 무엇을 하고 있는 것일까? 나의 인생 영화에서 남은 반의 분량은 어떻게 풀어낼 것인가? 고민하지 않기로 했다. 준비된 각본 없이 15일을 잘 지냈다. 남은 시간도 억지보다는 순리를 따라가면 된다. 정말 살아보기란 이런 것일지도 모른다. 다음날 이른 아침, 식사를 준비하는 게하 주인언니의 도마소리에 잠이 깼다. 얼마 만에 듣는 추억 속의 소리인가. 식재료에 따라 다른 소리를 내는 도마소리가 너무 좋아 기억해 두려고 잠자리에 누워 꼼짝 않고 집중했다. 도마소리 사이를 비집고 내가 태어나서

*게하는 게스트하우스의 준말이다.

초등학교까지 살았던 고향집 풍경과 엄마 얼굴이 들어 왔다. 문득 엄마가 보고 싶었다.

선경준치횟집

목포 현지인에게 인기있는 50년 전통의 횟집. 목포9미(味) 중 하나인 준치를 가성비 면에서 최고로 맛 볼 수 있다. 준치 한 점을 새콤한 오이, 양파와 함께 맛보는 순간, 잊을 수 없는 맛이 된다. 회무침을 주문하면 밥을 비벼먹을 수 있게 참기름을 살짝 뿌린 대접을 준다.
영업시간 10:30~21:30 첫째·셋째 월요일, 명절 휴무
전화 061-242-5653
주소 전라남도 목포시 해안로57번길 1

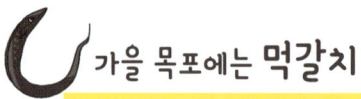
가을 목포에는 먹갈치
목포의 아홉 가지 맛

제주에
은갈치가 있다면

목포에는
먹갈치가 있다!

무엇이 다를까?

은갈치는 '낚시'로
잡아서 은비늘이
멀쩡하다.

먹갈치는
'그물'로 잡으면서
은비늘이
검은 빛이 된다.

가을에
목포에서 잡은
통통한 먹갈치는
맛있다.

갈치가 맛있어서
갈치를 만지고
손을 씻은 물로
국을 끓일 수 있단
말도 있었다.

먹갈치를 잡자마자
바로 회로 치거나

기름을 발라
구워먹어도
고소한 맛이 좋다.

감자, 호박 등 제철채소를
푸짐하게 넣은
갈치조림도 일품이다!

영산강 안개 속에 기적이 울고
삼학도 등대아래 갈매기 우는
그리운 내 고향 목포는 항구다
목포는 항구다 똑딱선이 운다.

유달산 잔디위에 놀던 옛날도
동백꽃 쓸어안고 울던 옛날도
그리운 내 고향 목포는 항구다
목포는 항구다 추억의 고향

- 가수 이난영*, 〈목포는 항구다〉 노랫말

*가수 이난영은 전라남도 목포 출생의 일제강점기 트로트 가수이다. 대표곡으로는 〈목포의 눈물〉, 〈목포는 항구다〉, 〈해조곡〉 등이 있다.

STORY 16
왜 목포는 울어?
삼학도

이른 아침부터 비가 보슬보슬 내렸다. 비는 세상을 아롱지게 해 몽환적인 분위기를 자아낸다. 비가 오면 더 예뻐지는 목원동 길을 조용조용 걸어 다녔다. 낡은 간판을 이마에 달고 있는 가게와 세월을 안고 있는 기와지붕이 갤러리 같다. 골목길 모퉁이를 돌아서자 이름 모를 꽃이 기다렸다는 듯 방긋 웃어준다. 모락모락 어린 시절의 추억과 꿈이 되살아났다. 나는 어느새 꼬마 아이가 되어 길을 걷는다. 초등학교에서 집으로 돌아오는 길에 책을 읽으며 걷다가 전봇대에 부딪친 내가 떠올랐다. 얼른 집에 와서 읽으면 될 일이지 굳이 길에서 책을 읽었을까?

어린아이의 마음을 뺏은 그 책은 제목이 무엇이었을까? 그랬다. 나는 하나에 꽂혀 몰입되면 나를 둘러싼 세계로부터 완전히 분리되었다. 새로움이 주는 경이와 환희 때문에 나는 시간의 바깥 어디쯤에 가 있었다. 시간이 멈추면 그 순간 나만의 세상에서 행복했다. 그런데 지금은 바쁘게 일해야 잘 산다는 자기 최면에 빠져 피로감만 쌓이고 행복은 저 멀리에 있다. 골목길을 따라 이리저리 걷고 있는데 옥단이길 정기투어 때 안내를 해준 해설사님으로부터 전화가 왔다. 얼마 전 목포를 좀 더 알고 싶은데 도와줄 수 있는지 부탁을 드렸는데 시간을 내준다는 고마운 연락이었다. 해설사님 차를 타고 삼학도(三鶴島)로 향했다. 삼학도는 세 마리의 학이 내려앉은 섬이라고 한다.

옛날 옛날에 무예에 뛰어난 청년이 유달산에서 수련하고 있었다. 아랫마을에 사는 세 여인은 산에 물을 길으러 갔다가 청년을 보고 한눈에 반해 사랑에 빠지게 되었다. 잘생긴 외모에 힘이 장사였던 청년은 아리따운 세 여인의 애정공세에 흔들려 수련과 사랑 사이에 고민하다가 결단을 내린다. "나는 세 분을 모두 좋아하지만 수련하는 중이고, 사랑은 똑같이 셋으로 나눌 수 없답니다. 그래서 먼 섬에 가서 기다리면 수련을 마치고 한 분을 택하여 모시러 가겠습니다." 세 여인은 청년의 제안을 받아들여 포구에서 배를 타고 섬으로 떠나기로 했다. 배가 포구를 벗어나 섬을 향해 가고 있을 때 청년의 마음이 흔들린다. 청년은 배를 멈추게 하려고 배를 향해 화살을 쏘았다.

그 화살은 안타깝게도 배를 관통해 배가 가라앉기 시작했고 세 여인이 바다 속으로 잠길 무렵 갑자기 학으로 변해 하늘로 높이 날아올랐다. 그러나 얼마 지나지 않아 바다로 떨어지면서 세 개의 섬이 되었다는 삼학도 전설이 전해온다. 얼마나 멋진 청년이었기에 세 여자의 마음을 동시에 빼앗았을까? 지금도 유달산 중턱에 대학루(待鶴樓)라는 정자가 있어 학으로 변한 세 처녀의 혼백이 돌아오기를 기다리고 있다고 한다. 이야기를 다 듣고 나니 슬픈 삼학도 이야기를 행복한 결말로 다시 써보고 싶다는 생각이 들었다.

삼학도에 도착해 보니 목포항으로 들고 나는 배를 보는 즐거움이 있었다. '목포는 항구다.'라는 노랫말을 실감하려면 삼학도에서 목포항을 봐야 한다.

*목포문화예술회관 일원에서는 매년 9~10월 경에 난영가요제를 열고 있다.

삼학도 수로길에서는 카누를 타는 체험을 할 수 있고 목포어린이바다과학관 맞은편에 있는 목포요트마리나에서는 하얀 돛을 단 낭만요트를 즐길 수 있다. 김대중노벨평화상기념관에서는 평화와 화해를 위한 김대중대통령의 노력을 살펴볼 수 있다. 아담한 세 개의 섬을 잇는 다리를 따라 삼학도 안쪽으로 걸어 들어가면 이난영공원이 나온다. 목포의 애환을 노래한 가수 이난영을 빼놓고 목포를 이야기하기 어렵다. "사공의 뱃노래 가물거리고 삼학도 파도 깊이 스며드는데……" 가사의 〈목포의 눈물〉은 지금도 여러 가수들이 리메이크해서 부르는 명곡이다. 왜 목포는 울어? 단순한 질문이지만 대답을 하려면 긴 시간이 필요하다. 1916년 목포에서 태어난 이난영은 가난한 가정에서 태어나 남루하고 고달픈 삶을 살았다. 이난영 뿐이었을까? 식민지 땅에서 신음했던 우리 민족은 깊은 슬픔에 빠져있었다. 1935년 그녀의 나이 19세 되던 해에 〈목포의 눈물〉이 발표되었다. 음반이 5만 장이나 팔렸을 만큼 대단한 인기를 끌었다. 인기의 원인은 처연하고 구슬픈 목소리였다. 한반도는 그녀의 목소리를 따라 부르며 자신의 슬픔을 달래고 고난을 견뎌냈다. 이난영의 깊은 슬픔이 놀랍게도 민중에게 버틸 힘이 되었던 것이다. 1969년 이난영이 세상을 떠나고 4년 후 유달산 자락에 이난영 노래비가 세워졌고 2006년 삼학도에 수목장(樹木葬)으로 조성된 이난영공원이 조성되었다. 해설사님은 이난영의 노래를 즐겨 부른다고 한다. 노래를 불러 달라고 청했더니 바로 불러 주었다. 이난영은 흐뭇한 마음으로 듣고 있을 것 같았다.

매 순간의 행복은
우리가 세상을 어떻게 보는가에 달려있다.
세상은 우리가 보는 대로 보인다.

- 딜라이 라마

*딜라이 라마는 티베트 불교의 스승이다.
노벨평화상과 루스벨트 자유상, 세계안보평화상 등을 받았다.

STORY 17
잠시 쉬어도 좋아
사슴수퍼마켙

목포유람지도의 시작은 〈사슴수퍼마켙〉이다. 뭘 파는 곳일까? 음료를 살 수 있는 슈퍼라고 기대하고 갔는데 이름만 수퍼마켙이고 빈집 갤러리로 운영 중이었다. 목포가 흥미로운 것은 걷다가 들어간 이런 뜻밖의 장소 때문이다. 지금은 슈퍼 주변이 한산하지만 예전에는 목포의 대표적 번화가로 오고 가는 사람들이 많았다고 한다. 헌병대 군인들과 인근 주민들이 즐겨 이용하던 진짜 가게였던 것이다. 나는 오늘도 운이 좋았다. 사슴수퍼를 운영하셨던 표애례 할머니를 만나 사슴수퍼의 역사를 직접 들을 수 있었다.

할머니는 신안군 자은도 출신으로 23살에 목포로 시집 와 아들 셋과 딸 둘을 낳았다. 할아버지는 무안군청에서 근무했는데 혹시 본인이 없더라도 남은 가족이 잘살았으면 하는 마음으로 가게를 열었고 운영은 할머니가 하셨다. 가게이름이 사슴인 이유는 두 분이 좋아한 동물이라고 한다. 안타깝게도 할아버지가 일찍 돌아가신 후 할머니는 홀로 수퍼를 운영하시면서 자녀 다섯을 키우셨다. 할머니가 72세 되던 해 건강상의 문제로 슈퍼 문을 닫았는데 13년이 지나 주민과 방문객의 쉼터 빈집갤러리로 새롭게 문을 열게 되었다. 평상에 앉아 한가로움을 즐기는 할머니와 이야기를 나누고 함께 사진도 찍었다. 고생을 말할 수 없이 많이 했다 하시지만 할머니의 얼굴은 너무도 곱고 어린 아이처럼 편안했다. 사슴수퍼마켙 안으로 들어가면 근대 목포의 대표적 번화가이자 중심거리였던 본정 사거리와 동양척식주식회사 주변 시가지의 지나간 흔적을 살펴볼 수 있는 사진들이 있고 빈집갤러리 1호점이 된 사연을 알 수 있다.

현재 사슴수퍼마켙은 빈집갤러리로 운영 중이다.

빈집갤러리 〈사슴수퍼마켙〉에서 나와 목포근대역사관을 향해 걸어가는데 발길을 멈추게 하는 것이 있었다. '가짜 꽃인가?' 너무도 고와서 바짝 다가가 살펴보니 진짜 꽃이었다. 딱딱한 시멘트 바닥에서 어떻게 이렇게 꿋꿋하게 예쁜 꽃을 피웠을까? 누가 '아름답다, 곱다' 하며 물을 주고 이처럼 예쁜 꽃을 키워내는 것일까? 그 손길이 그 마음이 더 곱다는 생각을 해본다. 이 거리에 살고 있는 사람들의 마음에도 고운 꽃을 키우고 있을 거라는 상상을 해보니 걷는 길이 더욱 따뜻하게 느껴졌다. 옛 거리를 걷다 보면 마음을 토닥토닥 해주는 햇살을 눈이 부시도록 받는 순간이 있다.

 행복이가득한집

일본식 적산 가옥 분위기를 그대로 살린 카페이다. 입구에서부터 아기자기하게 꾸며진 정원, 구석구석 자리한 앤티크 소품들을 구경하는 재미가 있다. 삐걱거리는 나무 바닥과 고가구들은 저마다 특별한 빈티지 느낌을 준다.
영업시간 10:30~21:00 연중무휴
전화 061-247-5887
주소 전라남도 목포시 해안로165번길 45

타인의 시선에서 자유로워져라.
남의 마음에 드는지 어떤지를
문제 삼지 않은 인간이
세상에서 성공할 수 있다.

- G. 킨켈*

*독일의 시인 고트프리드 킨켈은 신학을 전공했으며
아내와 함께 문학적인 일과 혁명적인 활동을 벌였다.

STORY 18
목포유람 스탬프투어
1897개항문화거리

목포를 여행하다 보면 유독 1897이라는 숫자를 많이 보게 된다. 무슨 까닭일까? 1897년은 목포가 개항된 해를 의미한다. 1897년을 기점으로 목포는 선창가를 중심으로 각종 기반시설이 갖춰진 일본인 마을과 유달산 자락에 스스로 터전을 마련하는 조선인 마을로 나누어져 발전하게 된다. 1897개항문화거리 스탬프투어는 사슴수퍼마켓에서 시작해서 목포진으로 마무리되는 8곳을 소개하고 있다. 〈목포유람〉 지도를 들고 순서대로 다녀보니 목포의 역사를 알 수 있는 유적지를 살펴볼 수 있었다. 목포유람 코스 중에서 개인적으로 가장 좋았던 장소는 목포진이다. 바다가 내려다보이는 언덕에 위치한 목포진은 혼자 하는 여행에 깊이를 더해 준 특별한 장소였다.

백 여년 전 목포를 산책해보세요

1897개항문화거리 스탬프투어

1 사슴 수퍼마켓

해방 이후 상업 공간 요소를 보여주고 있는 건축물로 동양척식주식회사 주변 시가지의 흔적과 기억을 담고 있다. 처음 지어졌을 때의 1층은 일본 전통식 게다를 판매하는 점포였고 2층은 주거용 주택이었다. 일본식 도시점포주택 형식인 마찌야 형식의 주상복합형 건축물로 모서리 부분을 45도 방향으로 처리한 점이 특징이다. 해방 이후 슈퍼로 사용되었다. 현재는 건물 1층을 빈집갤러리 사슴수퍼마켓으로 사용하고 있다.

2 목포 근대역사관 2관

일제 강점기 동양척식주식회사 목포 지점으로 사용되었던 곳이다. 조선의 토지를 근대적으로 측량한다는 명목하에 토지를 탈취해 간 동양척식회사는 조선농민의 수탈기지였다. 전국에는 9개의 지점이 있었는데 그중 목포가 가장 잘 보존되어 있다. 지금 이 건물은 일제 강점기 수난의 역사와 1920년대 말 목포의 옛 모습을 볼 수 있는 전시공간으로 운영하고 있다.

3 경동성당

광주대교구 소속의 가톨릭교회이다. 광주교구의 행정책임자인 헨리(Herold Henry) 신부는 목포 해안에 새 본당 설립을 계획하고, 미국에서 모금 운동 등을 전개하여 경동 본당을 설립하였다. 한국 교회 최초로 레지오 마리애를 도입하였으며 '죄인의 의탁 쁘레시디움'을 조직하고 신자 가정방문과 선교 활동을 활발히 전개했다. 초대 신부는 김성환 빅도리오 신부이다.

4 목포 번화로 일본식가옥3

1920년 농업과 임업, 개간 및 정지의 임대차 업무를 취급하던 후쿠다농업주식회사의 사택이었다. 일제 강점기 동양척식주식회사 주변에 형성되었던 일본인 주택의 흔적을 볼 수 있는 공간이다. 해방 후 한국인이 거주하면서 온돌을 설치하는 등 내부를 변경하였다. 이 건축물은 한국 건축 주거사의 사료로 가치가 있다.

백 여년 전 목포를 산책해보세요

1897개항문화거리 스탬프투어

5 (구)일본기독교회

1922년 9월 준공되어 목포에 주거하던 일본인들이 예배를 봤던 교회다.

6 목포근대역사관 1관

목포에 있는 근대 건축물 중 가장 오래된 건물로 1900년 12월에 완공되었다. 일본의 영사 업무를 보기 위한 건물이었으나 이후 목포이사청, 목포부 청사 등으로 사용되었다. 해방 이후 목포시청, 목포시립도서관, 목포문화원으로 사용되다가 2014년 목포근대역사관 1관으로 개관하였다. 최근 드라마 〈호텔 델루나〉의 촬영지로 인기를 얻으면서 방문자가 많아지고 있다.

7 갑자옥 모자점

1920년에 문을 연 갑자옥 모자점은 당시에는 목포 중심가에서 유일하게 한국인이 운영하던 가게였다. 각양각색의 모자를 판매하면서 1960~1970년대까지 전성기를 누렸다. 지금도 운영 중이다.

8 목포진

목포지역은 예부터 내륙과 해상을 연결하는 군사상 요충지였다. 목포진은 1439년 목포에 설치되었던 조선시대 수군진영(해군기지)으로 목포영, 목포대라고도 부른다. 이곳의 통솔 책임자로 조선 왕조 때 각 도의 여러 진에 붙은 종 4품의 무관인 만호(萬戶)라는 관직이 배치되어 만호진, 만호영, 만호청이라고 부르기도 했다.

 연잎향

연잎밥과 정갈한 한식 상차림이 주 메뉴. '연잎쌈밥'을 주문하면 제철 재료로 만든 반찬과 생선 초무침, 떡갈비, 수육이 제공된다. '연잎쌈밥 정식'은 홍어삼합과 무침, 연근튀김이 추가된다.
영업시간 11:00~19:00 매주 일요일 휴무
전화 061-242-8503
주소 전라남도 목포시 해안로165번길 34-1

어떻게 먹어도 맛있는 병어
목포의 아홉 가지 맛

비늘이 없고
표면이 매끄러운
흰살 생선 병어.

영양이 풍부하고
소화가 잘 되어

어린이, 노인, 회복기 환자 등에게 좋다!

병어는 양식에 성공한 적 없다.
그래서 구하기 힘든 귀한 생선이다.

병어는
전부 자연산이구나!

막 잡은 병어는
단 맛이 나고,
비린내가 거의 없다.

살짝 얼려
회로 먹어도 좋고,

자작하게 끓여먹는
병어찜도 인기만점이다.

회로 맛보는 담백한 맛의
생선살은 입에서 녹아 없어지고

찜으로 먹는
매콤한 국물은
속을 시원하게 해주는
얼큰한 맛이다.

STORY 19
좋아해도 될까요?
퐁당퐁당

서점이름을 부를 때 입안에서 리듬이 절로 나오는 독립서점 〈퐁당퐁당〉은 서점보다 서점 주인을 먼저 만났다. 목포야행*은 그동안 알게 된 사람들을 한꺼번에 만난 날이었고 만날 사람들도 미리 만나는 신기한 날이었다. 그녀는 목포야행에서 머그컵에 자신이 원하는 사진을 인화해 주는 부스를 운영하고 있었다. 나는 목포에서 독립서점 투어를 하고 있는데 〈퐁당퐁당〉에 가려고 마음먹고 있었다고 했더니 꼭 오라고 연락처를 알려 주었다. 미리 연락을 하고 약속된 날 퐁당퐁당 서점에 도착해보니 건물 입구부터 예사롭지 않았다.

*목포야행: 매년 9월 목포의 핫플레이스인 근대역사문화공간 일원에서 열리는 목포야행은 다양한 역사 문화 체험의 기회를 제공하는 야간 문화 체험 프로그램이다.

서점으로 들어가기 전부터 천천히 하나하나 이곳 분위기를 내 눈에 담고 싶어 발걸음이 조심스러웠다. 아날로그 감성이란 사람이 담고 있는 이미지를 그대로 뿜어내기 때문에 어쩌면 여기 이 공간은 주인장의 속내로 들어온 것일지도 모른다. 이 말이 맞는다면 퐁당퐁당의 주인은 너무도 예쁜 사람이다.

퐁당퐁당은 용당동에 위치하고 있다. 예전의 용당동은 침수지역이라 목포사람들이 퐁당동이라 불렀다고 한다. 서점 주인은 퐁당동에서 착안해 '책 속에 퐁당 빠지는 집'이라는 의미로 서점이름을 퐁堂퐁堂이라고 지었다고 한다. 서점주인이 미술을 전공해서 그런지 막 붙였다는 천정의 잡지들은 훌륭한 설치 미술작품처럼 보였다. 그녀는 독립서점을 준비했던 과정을 자세히 설명해 주었는데 전국의 유명 독립서점을 찾아가 운영방법 등 자문을 구한 그 열정이 대단했다. 그래서일까? 서점에서 다양한 커뮤니티 활동을 활발하게 펼치고 있었다. 나는 독립서점 퐁당퐁당을 응원해주고 싶었다.

서로 이야기를 하다가 '책으로 떠나는 세계여행' 강연을 이곳에서 열기로 했다. 강연 날, 많은 사람들이 와서 여행이야기를 나누는 즐거운 시간이 되었고 나는 목포사람들을 좀 더 알게 되는 기회가 되었다. 목포는 흥미로운 그림이 가득 찬 책과 같아 시간을 되돌려 생각해보니 꿈속에 다녀온 듯하다. 그중 한 곳이 독립서점 〈퐁당퐁당〉이다. 목포 곳곳에 사랑스러운 독립서점이 더 많이 생겨나길 희망해 본다.

*양소희 작가는 독립서점 〈퐁당퐁당〉에서 '책으로 떠나는 세계여행' 강연을 했다.

해빔

목포에서 가정식으로 즐겨먹던 비빔밥을 선보이는 목포식 비빔밥 전문점. '해빔'의 상차림은 바다 내음을 느낄 수 있는 맛이다. 신선한 일곱 가지 해초와 매일 공수되는 신선한 식재료가 고명으로 올려진다. 멍게, 전복, 바지락, 꽃게장 등 취향에 따라 선택하면 된다.
영업시간 점심 11:00~15:00 저녁 16:30~21:00 연중무휴
전화 061-282-2770
주소 전라남도 목포시 미항로 83

먹으러 떠납니다.
'여행'이니까요.

STORY 20
어디론가 떠나고 싶을 때 🌸
김우진거리

"밥은?"
"먹었어요."(아직 안 먹었더라도 먹었다고 한다)
"잘 챙겨 먹고 다녀. 밥이 보약이야."

나를 걱정해주는 엄마가 있다는 것이 얼마나 큰 행복이고 위안인지 그 때는 몰랐다. 밥이 보약이라는 말도 시간이 한참 지나서야 깨달았다. 그래, 여행이란 무조건 건강해지는 밥상을 향해 가야 한다. 보약으로 먹을 밥상을 찾는 여행이라면 목포가 정답이다.

'어디로 여행을 가면 좋을까?' 친구로부터 문자를 받았다. 바다, 맛있는 음식, 걷기 좋은 길이 있었으면 좋겠다고 한다. '그럼 목포로 와야 해.'라고 답장을 했다.

"출발했어~ 목포로 간다!!"
"그래, 친구야. 목포에서 만나자."

친구는 수서역에서 SRT를 타고 2시간 20분 만에 목포역에 도착했다. 모든 일정은 먹방으로 준비했다. 목포역에서 내리자마자 달려간 곳은 〈독천식당〉. 목포 앞바다에서 갓 잡아 올린 녀석들로 만든 음식들이 맛있어서 웃음이 절로 나는 맛이었다. 현지인 추천으로 알게 된 곳인데 음식이 건강해지는 맛이다. 목포이기 때문에 가능한 맛이다. 내친김에 목포역 근처 생선백반으로 유명한 〈오거리 식당〉을 소개해 본다. 몇 달 전에 신안 섬으로 가는 길에 목포역에 내렸을 때 다녀간 식당이다. 그때는 혼자였고 반찬이 많이 나오다보니 1인 주문이 미안해서 "반찬은 반 만 주세요~" 라고 말했지만 인심 넉넉한 사장님은 먼 길 온 사람 내치지 않으시고 한 상 가득 밥상을 차려 주었다. 밥값은 만원. 푸짐한 밥상 덕분에 든든하게 잘 먹고 일도 잘하고 갔던 기억이 새록새록 하다. 여행을 하다 보면 '금강산도 식후경'이라는 말이 명언 중의 명언이라는 것을 실감한다. 잘 먹고 나면 여행이 훨씬 신이 난다.

친구랑 도란도란 이야기를 나누며 〈김우진 거리〉를 걸었다. 걷다보니 길에는 바닥에 원고지가 그려져 있고 거리가 마치 책을 읽듯 꾸며져 있다. 북교동 성당은 무안감리*를 지낸 김성규의 대저택 성취원이 있던 곳이다. 김우진은 성취원 내 양옥건물인 '백수재'에 머물면서 여러 작품을 집필했다.

*조선 후기 개항장(開港場)의 사무를 관장하기 위하여 설치하였던 감리서의 책임자를 감리라 부른다. 당시의 목포는 무안에 속한 지역이었기 때문에 명칭이 무안감리이다.

북교동 성당을 지나면서 좌우의 길을 찬찬히 살피면 목포가 격변의 시대였던 일제강점기를 어떻게 지나왔는지 김성규와 세 아들의 인생을 통해 알게 된다. 한국 극예술의 선구자인 김우진은 김성규의 첫째 아들로 가수 윤심덕과 함께 현해탄에 투신자살했다. 드라마 〈사의 찬미〉 속 실제 남자 주인공이 바로 김우진이다. 김성규의 둘째 아들 김철진은 조선공산당 목포지부장, 신간회 목포간사, 목포청년연맹 회장을 지냈다. 1930년대 우파 지식인으로 변모하여 부의원과 도의원을 지냈다. 셋째 아들 김익진은 사상가이자 언어학자로 중국혁명군에 참여하다가 천주교에 귀의하여 모든 재산을 사회에 환원했다. 대구에서 번역가이자 종교인으로 살았다.

"언제든지 나는 나이어야 한다"고 말해주는 김우진 작가의 말이 가슴에 울림을 준다. 나는 이 세상에서 둘이 아닌 유일한 나인데 나답게 살기가 쉽지 않다는 생각을 지울 수 없다. 친구는 드라마 〈사의 찬미〉를 본 이야기를 하면서 남녀 주인공이 현해탄에서 정말 뛰어내렸을까? 궁금해했다. 어떤 이는 멀리 외국으로 밀항을 했다고도 한다. 사실 여부는 정확히 알 수 없지만 죽음보다는 먼 나라에서 행복하게 잘 살았으면 하는 마음이다.

 독천식당
목포의 명물인 세발낙지 요리로 유명한 식당. 신안과 무안 지역의 청정 갯벌 낙지로 요리한다. 싱싱한 낙지를 통째로 넣어 끓이는 '연포탕'과 밥보다 낙지가 많은 '낙지비빔밥'이 대표메뉴다.
영업시간 점심 10:30~15:00 저녁 17:00~21:00 넷째 일요일 휴무
전화 061-242-6528
주소 전라남도 목포시 호남로64번길 3-1

STORY 21
목포에서 놀자
불종대, 먹통시장, 민어거리

화신약국을 지나 목포역 방향으로 걷다 보면 불종대라고 쓴 종탑이 있다. 일제강점기 조선인들은 스스로 자신의 주거지를 지키기 위해 망루를 만들어 불이 나는 것을 살피다가 화재가 발생하면 종을 쳐 알리는 일종의 자치 소방대를 만들어 운영했다. 실제 위치는 1970년대까지 북교신협 자리였으나 토지 수용문제로 철거되고 이후 옛 의용소방대 터인 현재 위치에 불종대특화공원을 조성했다. 지금은 역사적인 장소를 기억하기 위해 화신약국에서 왼편 오르막길로 연결되는 구 북교동과 죽교동 일대를 새도로 주소명으로 '불종대길'이라고 부르고 있다.

목포에 여행 온 친구와 함께 차 한 잔을 마시며 잠시 쉬어가고 싶어 수문당으로 갔다. 수문당은 1943년에 문을 연 유서 깊은 카페이다. 그냥 지나치면 그저 그런 카페일 수 있으나 이 카페 이름은 의미가 크다. 지금의 풍경으로는 상상하기 어렵지만 목포역은 바다를 막아 간척과 매립을 통해 건설된 땅이다. 매립을 할 당시 옛 중앙공설시장(지금은 트윈스타 건물)에서 북교초등학교로 나가는 길을 수문통거리라고 불렀다. 목포의 바닷물이 이곳까지 들어와 매립을 위해 제방을 쌓으면서 큰 수문이 있었던 곳이기 때문이다. 그래서 카페 수문당은 땅의 옛 모습을 더듬어 볼 수 있는 의미 있는 이름이다. 시크릿한 공간, 지워진 과거의 시간이 궁금해지는 수문당 카페에서 커피와 함께 먹은 홍차 쉬폰과 수제견과류바는 너무도 맛이 좋았다.

수문당 카페에서 나와 길을 건너 시장으로 향했다. 여행에서 시장만큼 흥미로운 곳도 없다. 해외여행만 그런 것이 아니라 우리나라 여행에서도 시장은 여행 콘텐츠 1순위가 맞다. 여행을 왔다면 전통시장은 빠뜨리지 말고 무조건 가봐야 한다. 중앙식료시장은 개항 이전부터 있었던 '쌍교장터'가 발전한 목포 최초의 시장이다. 1929년에는 목포부 최초의 공설시장이 설치되었다. 공설시장이 있던 자리에 지금은 트윈스타 건물이 들어섰고 그 옆으로 중앙식료시장이 운영되고 있다. 중앙식료시장은 순대골목이 유명하다. 최근에는 '먹거리로 통하다'의 약칭인 '먹통시장'으로 부르며 활성화를 위해 노력 중이다.

친구는 이제 당일 목포여행 중에서 저녁식사만 남기고 있다. 목포에 왔으니 민어를 빠뜨리면 곤란하다. 고민 안하고 민어거리로 갔다. 수심 40~120cm의 진흙바닥에 주로 서식하는 민어는 회로 먹으면 쫄깃하고 달콤하다. 목포의 민어회는 다른 지역과 달리 회뿐만 아니라 껍질, 부레, 뱃살, 지느러미까지 한상 가득 푸짐하다. 또한 1주일 정도 갯바람에 말린 후에 찜으로 조리하거나 쌀뜨물에 민어, 멸치, 무, 대파 등을 넣고 탕으로 요리하면 그 맛 또한 잊을 수 없는 맛이다. 목포에서 홍어도 좋지만 나에게 일등 메뉴는 무조건 민어이다. 우리는 회는 물론이고 무침이랑 전 등 다양한 민어요리를 맛있게 먹었다. 둘이서 실컷 먹고 남은 음식이 아까워 싸달라고 했더니 중앙횟집 사장님께서 예쁜 종이봉투에 담아 주셨다.

카페 수문당
영업시간 10:00~23:00
전화 061-287-0380
주소 전라남도 목포시 수문로 33

중앙횟집
목포 구도심 민어거리에 자리한 터줏대감 맛집. 얼음에 재워서 민어의 신선도를 지켜왔던 옛날부터 민어와 함께한 인생이니 상품(上品) 민어를 구해오는 노하우도 남다르다. 민어회뿐 아니라 민어를 겨울 바람에 직접 말린 뒤 요리하는 '민어찜'도 인기메뉴이다.
영업시간 11:00~22:00 연중무휴
전화 061-242-5040
주소 전라남도 목포시 번화로 44-1

진짜 이름값 하는 준치
목포의 아홉 가지 맛

맛으로는 내가 으뜸!

준치는 한자로는 진어眞魚, 시어鰣魚라고 한다.

썩어도 준치라는 말이 있을 정도로 준치 맛은 최고이다.

새콤하게 즐기면 식욕을 돋우는데 제격이다.

다만 준치는 가시가 많으니
조심히 먹어야 한다.

지금은 흔치 않은 생선이지만
예전엔 국, 자반, 만두 등
다양하게 만들어 먹었다.

오, 신기하네!

아는 만큼 보이고
읽는 만큼 느낀다.

STORY 22
너를 버리기가 힘들어
산책

아름답고 충만한 삶을 살고 싶다면 책을 읽으라고 권하고 싶다. 목포 독립서점 투어에서 마지막으로 간 곳은 〈산책〉이었다. 처음에 갔을 때는 문이 닫혀있었다. 모든 기준이 내가 사는 서울이니 독립서점은 하루 종일 문을 열지 않는다는 것을 몰랐다. 사전에 전화를 해서 약속하고 가야 하는 번거로움을 처음에는 이해하지 못했다. 왜 오냐고 물으면 뭐라 대답할 것인가? 그냥이라고 대답해야 하는 상황을 상상하게 되니 선뜻 전화를 못 하게 되었고 그렇게 밖에서 맴돌다가 돌아왔다. 다음에 기회가 있겠지. 못 간 곳도 있어야 다음이 또 있지.

말 그대로 다음이라는 시간에 독립서점 〈산책〉이라는 공간 안으로 우연히 들어가게 되었다. 우리는 대부분 사람이나 집이나 밖에서 본 모습을 더 중요하게 고려한다. 산책은 밖에서 보면 특별할 것이 하나도 없는 오래된 동네 모습 그대로의 건물이다. 그래서 그저 그런 곳이려니 하고 별 기대를 안 했다. 발을 안에 들이자마자 온갖 이야기를 가진 물건들이 마치 나를 기다리고 있었던 듯 말을 걸어왔다. 서점주인은 나이를 짐작하기 어려웠고 동화 속에서나 볼 것 같은 요정의 이미지였다. 서점주인은 뭔가 집중하던 중이었는데 내가 불쑥 들어가 흐름을 깬 것은 아닌지 미안한 마음이 들었다. 차를 준비하는 동안 테이블 위에 낱장으로 쌓여있는 종이들이 뭘까 궁금했다. 손님으로 온 사람이 작업 중인 자료에 대해 물어봐도 되는지 주저되었지만 궁금해서 참을 수 없었다. 그녀는 사용하던 물건을 버리는 것이 쉽지 않다고 했다. 그래서 애정했던 물건을 그림으로 그리고 추억을 메모하고 있는 중이라고 한다. 나는 이야기를 듣자마자 우리는 동족(同族)이라고 소리를 지를뻔 했다. 세상은 물건으로 넘쳐나고 집 안은 유혹에 넘어가 데려온 물건들로 가득하다. 물건이 많을수록 더 좋다는 근거 없는 믿음에 따라 살고 있기 때문이다. 이렇게 계속되면 이마에 물건을 올려놓고 살아야 할지도 모른다. 단호하게 버려야 한다. 그런데 나는 버리기를 정말 못한다. 물건을 버려야 할지 남겨야 할지 결정을 못 해 늘 난감했다. 서점주인 덕분에 결정을 못 해 자학하던 나에게서 풀려난 것 같아 기분이 좋아졌다. 사용하던 물건을 버리기가 힘든 것이 나만은 아니라는 사실이 이렇게 기쁜 일일 줄이야.

세상에는 물건이 흔해졌고 사람들은 부지불식 중에 쉽게 물건을 구입하고 버린다. 이러니 지구는 얼마나 많은 쓰레기를 안고 살아야 하는가. 우리는 버릴 물건을 사기 위해 돈을 벌려고 여유가 없다는 것을 인식해야 한다. 사람은 흥청망청 낭비하기 위해 태어나는 것이 아니다. 단순하고 소박한 삶을 살면서 지구를 살려야 하지 않을까. 바깥 풍경보다 실내 풍경이 좋았던 독립서점 〈산책〉에서 지구환경을 생각해보는 유익함이 있었다. 세상은 아는 만큼 보이고 읽는 만큼 느끼게 된다.

 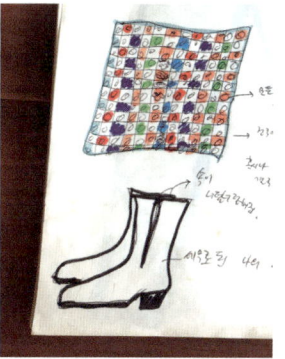

돌집

가정식 백반을 수십 년간 같은 자리에서 선보이고 있는 곳이다. 돌집의 명성 덕분에 골목 자체가 백반 골목으로 통하기도 한다. 백반을 주문하면 뜨끈한 밥과 함께 탕 또는 찌개, 생선구이나 조림 등이 푸짐하게 나온다. 10여 가지의 찬은 제철 채소와 김치, 장아찌, 젓갈 등 구성도 다양해 골고루 손이 간다. 이른 아침부터 식사가 가능하다.
영업시간 07:00~20:30 연중무휴
전화 061-243-3586
주소 전라남도 목포시 번화로 67

아름다운 사람

아름다운 사람 눈을 둘 곳이 없다
바라볼 수도 없고
그렇다고 아니 바라볼 수도 없고
그저 눈이
부시기만 한 사람

- 시인 나태주, 아름다운 사람

*시인 나태주의 대표적인 시로는 '풀꽃'이 있다.

STORY 23
사랑은 마음의 눈으로 발견하는 것
평화광장

현지인에게 맛집을 알려달라고 했더니 〈해촌〉을 추천해서 평화광장으로 향했다. 바지락은 칼국수에 들어간 음식만 먹었는데 해촌에서는 전골, 회무침, 비빔밥, 죽 네 가지의 바지락 메뉴가 있었다. 맛의 비결은 신선도이기 때문에 주재료인 바지락을 산지에서 직접 가져온다고 한다. 양념은 막걸리와 매실액을 포함한 10여 가지로 만드는데 그 조화가 바지락을 세상에서 가장 맛난 음식으로 승화시켜 주고 있다. 목포에서만 맛볼 수 있는 별미를 찾고 있다면 추천하고 싶은 음식이다. 역시 인기 음식점이 맞다. 음식점 밖에는 줄을 서서 기다리고 있는 사람들이 많아 먹자마자 얼른 일어나 평화광장으로 향했다.

하당신도심의 중심에 있는 평화광장은 낭만 가득한 분위기로 연인들이 많이 찾아오는 명소이다. 빨간색 러브게이트가 제일 먼저 눈에 들어온다. '바다를 향한 사랑의 문'이라는 의미의 러브게이트는 디자인 공모를 통해 최우수상을 받은 작품이다. 툭 트인 바다를 그냥 바라만 봐도 좋지만 사랑하는 마음으로 요리조리 방향을 바꿔 사진으로 담는 재미가 있어 인기를 끌고 있다. 갓바위 달맞이 공원부터 평화의 구름다리까지 1.2km의 〈스토리가 있는 연인의 거리〉는 나 혼자 걸어도 노래가 절로 나오는 사랑스러운 길이다. 평화광장에 밤이 찾아오면 시간이 갈수록 화려해지는 목포춤추는바다분수는 빠뜨리면 안 되는 목포의 감동 포인트다. 신청곡과 사연을 접수받아 사랑을 고백하는 프러포즈 공간으로도 유명하다. 레이저 영상과 음악 분수쇼가 어우러져 바다 위에서 펼쳐지는 빛과 음악이 마법 같은 사랑의 시간을 선물한다. 최근 알게 된 단어 중에 '연못남녀'라는 말이 있다.

'연못남'은 연애를 못 하는 남자이고 '연못녀'는 연애를 못 하는 여자라는 뜻의 줄임말이다. 이 시대 청춘들의 연애가 어려운 상황을 반영한 단어이다. 그렇다면 연애를 잘하게 해주는 비법이 있을까? 유튜브에 보면 연애 잘하게 해주는 기술에 대한 영상이 대단한 인기이다. 심지어 사랑에 대한 코칭으로 돈을 벌고 있는 사람들이 있다. 다른 사람이 주는 충고나 조언은 나에게는 해당사항이 없는 오답일 가능성이 높다. 왜냐하면 세상의 연애는 사랑을 하는 사람만큼 제각각이기 때문이다. 사랑이라는 단어의 뜻을 찾아보면 어떤 사람을 몹시 아끼고 귀중히 여기는 마음이라고 한다. 한 사람을 깊이 사랑한다는 것은 나와 다른 우주를 만나게 되는 경이로운 일이다. 연애에 성공하고 싶다면 자신의 내면이 정직해야 하고 상대에 대한 배려가 우선 되어야 한다. 사랑은 마음의 눈으로 발견하는 것이다. 눈을 크게 뜨고 찾아보자. 나의 사랑을, 진짜 인생을!

 목포춤추는바다분수
공연시간 www.mokpo.go.kr/seafountain 홈페이지 참고
전화 061-270-8580
주소 전라남도 목포시 미항로 115

 갓바위
천연기념물 500호로 지정된 갓바위는 두 사람이 나란히 삿갓을 쓰고 서 있는 모습으로 바람과 파도가 만들어낸 신비로운 모양의 바위다. 갓바위 주위로 해상보행교를 설치하여 바다 위를 걸어다니며 갓바위의 특이한 형상을 감상할 수 있다. 또한 저녁노을에 물든 바다와 입암산의 절벽에 반사되는 노을빛이 아름다운 곳으로도 유명하다.

 해촌
평화광장 인근에 위치한 바지락 전문점. 목포 미식거리로 빼놓으면 섭섭한 갯내음 가득한 '바지락초무침'이 대표 메뉴다. 바지락회는 갓 캐낸 생물이 아니면 제맛을 내기 힘들기 때문에 반드시 산지에서 섭취하는 것이 좋다. 해촌에서는 싱싱한 생바지락을 제대로 맛볼 수 있다. 싱싱한 바지락에 향긋한 채소와 막걸리 식초를 첨가한 양념장이 더해져 식재료 본연의 맛에 바다의 풍미를 배가시킨다.
영업시간 11:00~21:00
전화 061-283-7011
주소 전라남도 목포시 미항로 133(평화광장)

여기도 여행하면 좋아요
갓바위권 박물관, 문학관

목포생활도자박물관
공예, 건축, 첨단 세라믹으로 발전 성장한 생활도자기의 역사를 한눈에 살펴볼 수 있다. 어린이의 눈높이에 맞춘 놀이형 전시공간으로, 창의력과 감성을 키워줄 수 있도록 연출되어 있다.

입암산

남농기념관

목포문학관
앞선 작가들의 문학을 계승·발전시키기 위해 목포문학관이 문을 열었다. 한국의 극작가 김우진, 여류소설가 박화성, 희곡작가 차범석, 문학평론가 김현의 삶과 문학세계를 볼 수 있다.

국립해양문화재연구소
국립해양문화재연구소 해양유물전시관은 바다 속에 잠겨있는 수중 문화유산을 발굴하여 전시한 곳이다. 수중 고고학 박물관이라고 불리며, 해양문화체험 등 종합적인 해양문화전시관이다.

목포자연사박물관

중앙홀, 지질관 등 7개의 전시실에서 지구 46억년의 자연사를 보여주고 있다. 특히 세계에서 단 2점뿐인 공룡화석 프레노케랍토스와 신안군 압해도에서 발굴해 복원한 세계적 규모의 육식공룡알 둥지 화석이 전시되어 있다.

목포옥암수변생태공원

평화광장

춤추는바다분수

갓바위

갓바위는 두 사람이 나란히 삿갓을 쓰고 서 있는 모습의 바위로 목포의 인기명소 중 한 곳이다. 예전에는 배를 타고 나가야만 볼 수 있었던 갓바위를 걸어서도 볼 수 있는 보행교를 바다 위에 설치했다. 이제는 누구나 쉽게 가까이에서 볼 수 있다.

우리는 우리가 바라는 세상의 변화
그 자체가 되어야한다.

-마하트마 간디*

*마하트마 간디는 인도의 정신적·정치적 지도자이다.

STORY 24
지금은 스토리 시대 🌸
목포문학관

오늘 발걸음은 목포에 머무는 동안 꼭 가보고 싶었던 〈목포문학관〉으로 향했다. 언덕 위에 위치한 목포문학관에 오르니 시원한 푸른 바다가 한눈에 들어 왔다. 문학에 특별한 관심이 없더라도 산책 삼아 와도 좋은 풍경이다. 글을 읽기 시작하면서부터 많은 책을 읽었고 국문학을 전공했으며 지금도 항상 책을 손에서 놓은 적이 없는 나는 목포에서 제일 궁금했던 곳이 바로 이곳 목포문학관이었다. 도착하자마자 두근두근 설렘을 장착하고 미끄러지듯 안으로 들어갔다. 우리나라 연극을 최초로 도입한 극작가 김우진, 우리나라 여류 소설가로 최초의 장편소설을 집필한 소설가 박화성, 우리나라 사실주의 연극을 완성한 극작가 차범석, 우리나라 평론 문학의 독보적 존재 문학평론가 김현을 만날 수 있었다. 작가들의 육필원고와 사용하던 문구류를 전시하고 있는 상설전시장과 문학인사랑방, 문학창작실, 문학체험관, 시화 야외갤러리 등을 갖추고 있다.

관람하는 사람이 나 혼자라 조용하게 목포 출신의 작가들과 조우하는 행복한 시간을 만끽할 수 있었다. 그렇지만 이렇게 훌륭한 공간을 찾는 이가 없으니 어느덧 나는 이곳이 작가들의 무덤처럼 느껴졌다. 이 시대에 문학은 생명을 다했나? 이미 죽은 것을 나는 애써 부정하고 붙들고 있는 것일까? 작가라는 직업으로 먹고 살아야 하는 나는 다른 일을 찾아봐야 하는 것일까? 과거의 유령을 붙잡고 살고 있는 것은 아닐까? 목포문학관을 돌아보면서 나로부터 수많은 질문들이 쏟아져 나왔다. 과거가 빛을 발휘하려면 오늘과 손을 잘 잡아야 한다. 지금은 스토리의 시대이다. 스토리의 보고인 문학이 부활해야 맞다. 목포문학관의 이름을 스토리하우스 또는 이야기창작소라고 개명하면 어떨까?

과거에 살았던 유명 작가들의 스토리를 나열하는 전시만 할 것이 아니라 현재를 살고 있는 사람들을 통해 색을 입히고 생명을 불어넣어 흥미진진한 스토리를 재생산하는 장소가 될 수는 없을까? 세상은 급변하고 있다. 그런데 이렇게 훌륭한 작가의 콘텐츠와 넓고 좋은 장소에 고요와 적막함으로 무덤화하고 있는 것은 참으로 안타까운 일이다.

목포문학관
관람시간 09:00~18:00 1월 1일, 매주 월요일 휴무
전화 061-270-8400
주소 전라남도 목포시 남농로 95

명인집
1979년부터 운영 중인 한정식 전문점이다. 이곳의 요리는 그 지역에서 생산되는 농산물을 그 지역에서 소비하자는 '지산지소(地産地消)' 정신을 바탕으로 향토 음식의 계승과 발전에 공헌하는 바가 크다. 대표 메뉴는 '명인집 특선 한상차림'이다. 매장 내부는 전통미가 가득한 인테리어로 격식 있는 모임을 가지기도 좋다.
영업시간 11:00~22:00 연중무휴
전화 061-245-8808
주소 전라남도 목포시 하당로30번길 14

못생겨도 맛있는 아구탕&찜
목포의 아홉 가지 맛

아귀는 못 생긴데다
입이 크고
비늘도 없는 생선이다.

예전에 아귀는
거들떠보지 않고

거름이나 사료로
이용했다.   냠냠

 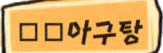

그러나 지금은
맛좋은 아구탕과 아구찜으로
요리되어 인기가 많아졌다.

지역에 따라
물꽁, 물동, 배기라고도 부르며
대부분 표준어인 아귀보다
아구라도 많이 부른다.

물꼼?
물동?
배기?
아구?

표준어는 '아귀'랍니다~

아귀는 생김새와 다르게
국이나 찌개를 끓이면
맛이 담백하다.

아귀는
콩나물을 듬뿍 넣어
맵게 찜을 하거나

미나리와 콩나물이 가득한
아구탕으로 요리한다.
시원한 국물이 있어
감기와 숙취해소에 좋다.

STORY 25
목포와 이순신장군
고하도

목포는 이순신장군과 인연이 깊은 곳이다. 유달산에 가면 노적봉을 바라보고 있는 이순신장군 동상이 있다. 임진왜란 때 이순신장군이 노적봉을 짚과 섶으로 둘러 군량미가 산더미같이 쌓인 것처럼 위장해 적을 물리친 이야기가 전해온다. 목포항의 관문이자 이순신장군이 머물렀던 〈고하도〉는 목포시에서 약 2km 떨어진 곳에 위치하고 있다. 고하도는 용이 하늘로 오르기 전 웅크리고 있는 모습이라 하여 용오름이라고도 한다. 고하도(高下島)라는 지명은 유달산(높은 산, 高) 아래(下) 있는 섬이라 하여 붙여진 이름이다.

조선시대 비문에는 고화도(高和島), 난중일기에는 보화도(寶花島)라고 표기했고 그밖에 고하도(高霞島), 칼섬이라고도 불렸는데 목포사람들은 친근하게 용섬이라 부른다. 목포대교를 건너 용섬으로 향했다. 용이 하늘에 오르기 전에 잠시 바다에서 쉬어가는 듯 길게 늘어선 섬의 모습은 매우 인상적이다. 고하도에 도착해서 용오름길에 오르기 전에 고하도이충무공유적지(高下島李忠武公遺跡)로 갔다. 홍살문을 지나 삼문으로 들어서니 이순신 유허비*가 있는 모충각이 보인다. 전라남도 기념물 제10호로 지정된 이충무공유적지는 울창한 소나무 숲으로도 유명하다. 임진왜란 이후 1597년 왜군이 다시 침입했을 때 이순신 장군은 명량대첩에서 13척의 전선으로 적함대 133척을 맞아 싸워 크게 이긴 후 그해 10월 29일부터 이듬해 2월 17일까지 고하도에 주둔했다. '서북풍을 막음직하고 전선을 감추기에 아주 적합하다. 섬(고하도) 안을 둘러보니 지형이 대단히 좋으므로 머물 것을 작정했다.'고 난중일기에 기록하고 있다. 107일간 고하도에 머물며 53척의 배를 건조하고 수군을 2천 명으로 늘리는 등 수군재건의 토대를 마련하여 왜란을 끝낼 수 있었다. 난중일기에는 고하도 진성의 축조 과정이 자세히 기록되어 있고 지금도 고하도에는 진성터가 남아있다. 목포시에서는 매년 4월 28일 이충무공 탄신일에 유달산에 있는 이순신 장군 동상에서 먼저 참배를 하고 이곳 고하도 모충각에서 탄신 기념 행사를 하고 있다.

*유허비(遺墟碑)란 선현의 자취가 있는 곳을 길이 후세에 알리거나 이를 계기로 그를 추모하기 위하여 세운 비이다.

*고하도는 한국 최초의 육지면 재배지이다.

고하도이충무공유적지 오른편에는 고하도선착장이 있다. 2012년 목포대교가 완공된 후 분주했던 선착장 풍경은 지워지고 지금은 한적하기만 하다. 조선의 개항이 시작될 무렵 목포항을 마주 보는 고하도에서는 목포항을 차지하기 위해 러시아와 일본 양국이 격렬하게 대립했다. 결국 일본이 고하도 대부분의 토지를 침탈해 목화를 재배했다. 선착장을 조금 지나면 언덕에 1904년 고하도에서 최초로 육지면이 재배되었다고 적혀있는 '조선육지면발상지비'(朝鮮陸地綿發祥之碑)가 있다. 일본 영사인 와카마쓰 도사부로가 고하도에서 최초로 시험 재배에 성공하면서 육지면 재배 10주년 때 기념으로 세운 비이다. 목포항은 고하도에서 육지면 재배에 성공하면서 이것이 계기가 되어 전국 3대항 6대 도시로 발전했다고 한다. 육지면은 고려말 중국에서 들여온 아시아면(재래종)과는 다른 품종이다. 미국에서 들여온 육지면은 아시아면에 비해 솜털이 종자에서 잘 떨어지며 백색으로 섬유가 길고 잘 꼬여져 방직원료로 뛰어났다. 해방이 되자 이 기념비를 고하도 주민들이 뽑아 버렸다. 하지만 아픈 역사도 유산이라 하여 다시 이 자리에 세워졌다. 지금은 이순신장군이 고하도를 보화도(寶花島)라 불렀던 것처럼 향기로운 무화과가 자라고 목화꽃, 해바라기, 코스모스, 메밀 등 사계절 아름다운 꽃들로 장관을 이루는 꽃섬이 되었다.

 코롬방제과
1949년 문을 열어 70년째 운영 중인 '코롬방제과'의 대표메뉴는 추억을 부르는 단팥빵, 꽈배기 등 옛날 스타일의 빵이다.
영업시간 08:00~21:00
전화 061-244-0885
주소 전라남도 목포시 영산로75번길 7

STORY 26
당신의 웃음 너머
용오름길

고하도는 이순신장군이 머물며 수군재건을 이뤄내 왜란을 끝낼 수 있었던 매우 의미 있는 장소이다. 그래서일까? 고하도는 크고 강하고 곧은 기, 용의 기운을 얻어가는 용오름길이 유명하다. 용오름길은 용의 등허리를 타고 걷는 듯 땅에서 삐져나온 울퉁불퉁한 돌들 때문에 등산화를 신고 가는 것이 안전하다. 걷는 동안 가게가 없어 마실 물은 직접 챙겨가는 것이 좋다. 등산로 입구에서 시작해 숲둘레길을 지나 칼바위에서 말바위로 향하는 길에는 이순신장군이 만들었다는 진의 성터 흔적을 볼 수 있다. 자연 상태의 바위를 이용하여 쌓은 석성이다.

진영이 있었던 곳은 불당골, 용오름길의 큰 산 아래이다. 진이 건설된 과정이 난중일기에 자세하게 기록되어 있어 400여 년 전의 긴박했던 전쟁상황을 상상해볼 수 있다. 고하도는 유달산 곽운각에서 보는 풍경이 가장 아름답다. 능선은 산의 모습이 솟거나 낮아지기를 반복하다가 큰 산(해발 62m)에서 서북쪽 해안으로 병풍처럼 펼쳐진다. 길은 호젓한 나무터널 속을 걷다가 시야가 트이는 곳을 번갈아 만나게 되어 지루할 틈이 없다. 1시간 남짓 길을 걷는 동안 유달산과 목포대교 그리고 목포항이 푸른 바다와 어우러져 멋진 그림들을 보여준다. 뒷고랑잔등에서는 휘어진 섬 끝으로 용머리가 시야에 들어온다. 병풍바위 끝자락에 위치한 용머리는 목포팔경 중의 하나인 '용두귀범(龍頭歸帆)'에 나오는 용두(龍頭)이다. 길은 용머리에 이르러 절정을 이룬다. 서두를 필요가 있을까? 잠시 쉬어가기 좋다. 용오름길 최종 기착점 용머리에 서면 목포대교가 한눈에 들어온다. 2012년에 완공된 목포대교의 길이는 4.129km로 목포 북항과 고하도를 잇는 해상교량이다. 학 두 마리가 목포 앞바다를 날아오르는 모습의 목포대교는 고하도 용오름길에서 보는 것이 가장 아름답다.

용오름길은 감당 못 할 코스는 아니지만 만만하게 보고 시작하면 어렵다고 느낄 수 있다. 그렇지만 힘든 구간이 나올 때마다 내 안의 도전정신을 불러일으켜 준다. 시원한 땀을 흘리며 완주를 하고 나면 '아, 내가 결국 해냈구나!'라는 성취감에 기분 좋은 에너지가 가득 충전된다. 나는 좋은 길을 걸으며 '마음의 힘'을 기른다.

잠시 자투리 시간이 생기면 습관적으로 SNS에서 지인들의 근황을 읽는다. 글과 사진을 보고 잘 지내는구나 안심하지만 직접 만나보면 세상살이가 너무 힘들다고 하소연을 한다. 웃고 있는 사진 속에서 웃음 너머에 있는 그늘을 미처 보지 못한 것이다. 하늘 아래 고민 없는 사람이 있을까? 힘이 들지 않으면 인생이 아니다. 그런데 너무도 힘든 그 이유가 희망을 바라보는 일이라면 우리는 아주 잘 살고 있는 것이다. 지금 세상살이가 어렵고 힘들다면 용오름길을 함께 걷자고 권하고 싶다.

 고하도 용오름길 6km, 소요시간 약 2시간 40분(왕복)

등산로 입구→ 숲둘레길 입구 → 뒷고랑잔등→ 말바우(정상)→ 뫼막개→ 숲길삼거리→ 용머리

고하도 용오름길 용머리에서 바라본 목포대교

인생에서 행복은 딱 한 가지다.
사랑하고 사랑받는 것이다.

- 조르주 상드*

*조르주 상드는 프랑스의 소설가이다.
그녀의 글은 인도적인 이상주의와 자연에 대한 깊은 사랑이 넘친다.

STORY 27
만인계마을축제 🌸
만인살롱

길을 지나가다가 〈만인계마을축제〉 포스터를 보고 뭐지? 궁금했다. 호기심에 마을축제에 참여해보고 싶어 매월 축제가 열린다는 목포 마을카페 〈만인살롱〉으로 갔다. 평일 오전이라 그런지 손님은 나 혼자였다. 이곳은 매우 특별한 장소였다. 이름부터 생소하다. 만인계(萬人契)가 뭘까? 검색을 해보니 예전에 천 명 이상의 계원을 모아 각각 돈을 걸고 계알을 흔들어 뽑아 등수에 따라 돈을 준 계이다. 만인계는 1899~1904년에 우리나라 전국에서 공익을 위해 열었고 군중이 운집한 가운데 추첨을 했다. 100년 전 항구도시 목포에도 만인계가 있었다고 한다.

만인계가 열렸던 곳은 목포극장에서 만복동고개로 가는 언덕의 오른쪽이었다. 추첨일이 되면 멀리서 사람들이 모여들어 주변 가게들이 호황을 이루었다고 한다. 지금은 만인계가 열렸던 유달산 자락에 마인계터로라는 지명이 남아있어 지나간 시절을 짐작해 볼 수 있다. 참고로 만인계를 목포 사람들은 마인계라 불렀고 그렇게 발음대로 표기해 도로명이 '마인계터로'가 되었다. 당시 목포의 만인계는 수익금 일부를 도로 수리나 주택개량 등 공공사업비로 지출해서 지역발전에 큰 도움을 주었다고 한다.

목포시는 만인계가 열렸던 자리에 만인계웰컴센터 건물을 짓고 마을 공동체 장소로 활용하고 있다. 목포 마을카페 만인살롱은 커피와 차, 샌드위치를 먹을 수 있고 뜨개질, 컬러링, 드립커피 등 다양한 체험을 할 수 있다. 매일 오전 10시부터 오후 9시까지 운영하고 있다. 만인계웰컴센터에서는 매월 마지막 주 일요일 오후 3시에 만인계마을축제를 열고 있다. 목포에 머무는 동안 마을축제에 참여했다. 여행자도 반갑게 맞아주어 잠시 동안이지만 마을사람이 된 듯 흐뭇한 시간을 보낼 수 있었다.

목포마을카페 〈만인살롱〉
영업시간 10:00~21:00
전화 061-244-1002
주소 전라남도 목포시 죽동 189번지 KR 1층

만선식당

맑은 육수에 우럭과 채소, 소금을 넣어 간한 우럭간국은 목포 9미(味)에 속하는 음식. 꾸덕꾸덕 말린 우럭으로 뽀얗게 끓여낸 '우럭간국(우럭탕)'이 대표메뉴이다. 대형 우럭만을 사용하여 국물이 진하고 살과 껍질이 쫀득한 것이 특징이다. 말린 장어와 된장을 풀어 맛을 낸 '장어탕'도 구수하고 얼큰한 국물 맛으로 사랑받는다.

영업시간 10:30~21:30 둘째·넷째 월요일 휴무
전화 061-244-3621
주소 전라남도 목포시 서산로 2

영양만점 우럭간국
목포의 아홉 가지 맛

우럭은 예로부터 임금님의 수라상에 올랐던 생선이다.

우럭은 남녀노소 모두 활어회나 매운탕으로도 많이 즐긴다.

맛있어요, 우럭!

언제 먹어도 맛있어!

우럭은 맛도, 육질도,
영양도 만점이라
횟감의 대명사이다.

육질이 쫄깃쫄깃해서
탕으로도 많이 먹는다.

내 사랑~ ♬
우럭~ 간국~ ♪

당신이 무엇을 먹는지 말해 달라.
그러면 당신이 어떤 사람인지
말해 주겠다.

- 장 앙텔므 브리야 사바랭*, 미식예찬 중에서

*장 앙텔므 브리야 사바랭은 프랑스의 법관이자 미식가로, 프랑스와 미국의 사법계에서 법관으로 활동했으나 미식평론가로서 더 명성을 얻었다.

STORY 28
마음이 아플 때 먹는 음식 🌸
북항

목포에 와서 궁금한 음식이 생겼다. 홍어앳국! 목포 현지인들에게 맛이 어떠냐고 물어보면 나는 못 먹을 거라고 손사래를 친다. 어렸을 때는 자주 먹는 음식이었는데 최근에는 먹어본 기억이 가물가물하다면서 추억에 젖기도 한다. 어디서 먹어볼 수 있는지 물어보니 북항으로 가 보라고 한다. 북항은 목포의 오래된 포구이면서 그 일대가 드넓은 갯벌이다. 이 지역을 목포사람들은 뒷개라 부르는데 뒤에 있는 포구라는 뜻으로 '뒷개에 간다'고 하면 그 말은 '북항에 간다'는 뜻이라고 한다. 홍어앳국을 왜 북항에 가야 먹을 수 있다고 하는지 도착해 보고 알았다.

바다에서 갓 잡은 수산물로 음식을 만드는 가게가 도대체 몇 곳이나 되는 것일까? 대충 눈짐작으로 봐도 100곳은 넘는 듯하다. 단골가게가 없다면 어디로 가야 할 지 고민이 되고도 남을 숫자이다. 홍어앳국 메뉴가 있는 음식점을 알아보고 예약을 했다. 일단, 수많은 횟집을 지나 배들이 정박하고 있는 목포수협활어위판장으로 갔다. 바다와 섬을 좋아하는 나는 바닷가 도시에 가면 위판장 구경을 빠뜨리지 않는다. 우리나라는 전국에 40곳의 위판장이 있다. 위판장이 있는 지역을 여행 중이라면 꼭 가보기를 권한다. 지역마다 계절마다 다른 수산물을 볼 수 있고 매우 색다른 경험이 되니 위판장 풍경은 여행의 맛을 돋운다. 이곳에서는 이른 아침 인근 해안에서 잡은 각종 해산물이 모여 각지로 팔려나간다. 북항에 위치한 목포수협활어위판장을 찾았을 때는 가을바람과 함께 등장한 낙지가 제철이었다. 낙지는 생으로 먹어도 비린내가 거의 없고 타우린과 아미노산이 많이 들어있어 보양식 재료로 인기가 많은 수산물이다. 위판장에서 나와 주변을 살펴보니 바로 옆에 목포시해양수산복합센터가 보인다. 안으로 들어가 여기는 뭐하는 곳인가 살펴보니 1층 직판장에서 횟감을 고르고 기호에 따라 상차림을 선택하면 2~3층에서 신선한 수산물을 저렴하게 맛볼 수 있는 곳이었다. 오늘도 나 홀로 여행이라 아쉽게도 다음을 기약해야 했다. 배가 고팠다. 그러고 보니 나는 아직 점심을 먹지 못했다. 서둘러 홍어앳국을 예약한 식당으로 갔다. 홍어는 호불호가 있는 음식이듯 홍어앳국도 누구나 먹을 수 있는 음식은 아니다.

맛있다고 했더니 이곳에서 맛보는 홍어앳국은 누구나 먹을 수 있는 편한(?) 맛이라고 한다. 일반적으로 홍어앳국은 홍어뼈와 살이 으스러질 때까지 고아서 국물을 만들고 된장을 풀어서 간을 하는 국으로 보리, 부추, 고추, 애, 홍어 살 등이 들어간다. 애는 고소하고 보릿대는 아삭한 식감이다. 진짜 홍어앳국은 홍어 특유의 톡 쏘는 맛과 애는 내장이라 결코 쉽지 않은 맛이다. 식당사장님은 이 맛이 어린아이가 엄마를 느끼듯 마음이 든든해지는 그리움이라고 덧붙인다. 나에게도 먹고 나면 막 힘이 나는 음식이 있나? 슬플 때 위로가 되는 음식은 뭐였나? 생각해보게 되었다. 드라마에서 마음이 아파서 밥이 입에 안 들어 갈 때 먹는 음식으로 김치볶음밥을 추천하는 장면을 본 적이 있다. "마음이 아플 땐 김치볶음밥인데…" 라고. 누구나 몸이 아프거나 속이 상할 때 찾게 되는 음식, 컴포트 푸드(Comfort food)가 있다. 어머니의 사랑을 느끼게 해주는 음식이라 먹고 나면 마음의 안정과 기쁨을 준다. 뇌에서 행복호르몬인 세로토닌이 분비돼 막 힘이 나는 음식이다. 나는 전혀 알 수 없는 홍어앳국의 맛이 어떤 사람들에게는 고향이자 엄마의 마음 같은 맛이었다.

 한국추어탕
전라남도에서 지정한 남도 음식 명가로 국내산 황토 미꾸라지만을 사용하여 정성을 다해 끓여 낸 추어탕을 맛볼 수 있다. 뼈가 씹히지 않도록 먹기 좋게 걸러낸 진한 국물은 고소하고 담백하여 특유의 비린내를 완벽히 제거했다.
영업시간 10:30~21:20 매주 일요일 휴무
전화 061-282-5080
주소 전라남도 목포시 하당로241번길 11

목포수협활어위판장과 목포시해양수산복합센터가 있는 북항 풍경

STORY 29
집으로 돌아오다
목포에서 한 달 살기

KTX를 타고 서울로 향하면서 지난 한 달을 되돌아본다. 집을 떠나 낯선 땅에서 나 홀로 긴 여행을 했다. 이번 여행이 나에게 남긴 것은 무엇일까? 내 인생에서 목포에서의 30일은 무슨 의미가 있을까? 나는 모든 인간관계가 부담스럽고 그 관계가 숨막히게 하기 때문에 아무런 관계 고리가 없는 낯선 곳으로 여행을 떠났던 것인지도 모른다. 그래서 관계로부터의 자유를 위해 스스로 고독을 자처하는 시간이 필요했다. 쓴 고독함이 나를 나답게 만들어 더 나은 나로 성장시켜 주리라 기대했다. 인간이란 혼자 태어나서 혼자 죽는 것이니 태어날 때부터 고독함은 숙명이라며 나 홀로 여행에 대해 자신 있게 큰소리를 쳤다. 그러나 시작은 순탄하지 않았다.

비와 함께 시작된 목포에서 살아보기는 우울했다. 여행스토리 작업이 일이다보니 카메라를 들고 바쁘게 돌아다니다가 숙소로 와서 피곤을 이불삼아 쓰러지듯 잠이 들면 되는데 비가 계속 오니 사진을 찍을 수 없었다. "왜? 비오는 사진도 좋은데? 날씨라는 게 인생과 같아 언제나 해가 방긋 뜨는 게 아니잖아?" 라고 말하는 사람도 있었지만 여행책, 잡지, 신문 등에 실릴 사진이 모두 비 오는 날일 수는 없다. 그러나 세상 일이란 동전의 양면처럼 좋은 것과 나쁜 것을 함께 가지고 있다. 비를 핑계 삼아 유명 관광지보다는 게스트하우스 근처 카페와 독립서점을 오가며 일을 안 하게 되니 마음이 즐거워졌다. 내 일이 출퇴근이 없어 좋겠다는 직장인들의 말을 들으면 그저 웃는다. 부러우면 지는 거니까 그들이 지도록 놔두는 것이다. 프리랜서는 출퇴근없이 24시간 일을 한다. 일을 다그치는 상사가 있는 것은 아니지만 작가로 살아남기 위해 10여 년 동안 아등바등 일을 하다 보니 이제는 노는 순간에도 일을 하고 있다. 일에서 벗어나지 못하고 개미지옥에 살고 있는 일 중독자가 된 것이다. 쉼을 위해 여행을 가라고 권하지만 정작 내 자신은 여행이 일이다 보니 여행지에서 나를 위한 휴식은 기대할 수 없다.

목포에서 비가 오는 흐린 날들은 현지인들과 자연스레 가까워질 수 있도록 간격을 좁혀 주었다. 늘 할 일이 많은 나는 일에 관한 업무적인 만남이 대부분이었고 사적으로 타인과 긴 얘기를 할 시간이 없었다는 것을 목포에 와서 알게 되었다.

처음 만난 사람들과 차를 마시고 밥을 먹으며 아주 사적인 대화를 하고 있는데 에너지가 불끈 솟았다. 서로의 마음을 나누고 이해하는 시간을 보냈다. 나이가 나보다 많아도 적어도 상관없이 오랜 친구와 같은 편안함을 느꼈다. 사람은 마음이 통하는 곳에서 힘을 얻는다. 그것이 바로 소통이 주는 힘이다. 짧은 시간에 목포 사람들을 다 알게 되었다고 단정지어 말하는 것은 어렵지만 사람이란 원래 고도의 감성을 가지고 있어 조금만 겪어봐도 상대방의 생각을 알 수 있다. 덕분에 나 홀로 고독할 시간은 없었다.

나는 지금 목포에서 만든 인형과 함께 서울로 가는 기차를 타고 있다. '나를 묶어 놓은 것은 주인이었지만 나를 포기한 건 나 자신이었어. 쇠사슬은 몸을 움직이지 못하게 했지만 나는 내 마음마저 쇠사슬에 함께 묶어 놓았던 거야.' 독일의 동화작가 그림형제*의 책 〈브레멘 음악대〉에 나오는 말처럼 나도 내 마음을 내가 꽁꽁 묶어놓고 있었던 것임을 알게 되었다.

---

*〈브레멘 음악대〉의 저자 그림형제는 독일의 언어학자이자 문헌학자 형제이다. '독일적인 것'에 대한 애착과 집념을 가지고 고대 독일 문학과 독일의 옛 관습을 연구하여 중요한 업적을 남겼다.

STORY 30
다시 목포
그리워질 거야, 무척이나

목포에서 서울 집으로 돌아왔다. 그러나 목포이야기는 아직 끝나지 않았다. 의미를 챙기려고 작정한 것은 아닌데 어쩌다 보니 나의 2019년 10월 마지막 날은 다시 목포에서 이틀을 보내게 되었다. 노래의 힘은 얼마나 센지… 10월의 마지막 날은 특별히 유난스럽다. 가수 이용이 부른 〈잊혀진 계절〉의 노랫말 '10월의 마지막 밤' 덕분이다. 이때쯤이면 어김없이 여기저기에서 마음 밑바닥에 잘 넣어 두었던 옛 감성들을 끌어 올린다. 목포에 잠시 일이 있어 왔는데 발이 떨어지지를 않아 하루 더 머물게 되었다. 이제는 목포에 오면 만날 사람들이 많다. 한 달 살기 효과라고 해야 할 것 같다.

목포에서 독립서점을 다닐 때 목포를 찍은 사진집을 보았다. 그 책의 사진작가를 만나면 목포를 좀 더 알 수 있을 것 같아 수소문했다. 연락처를 받자마자 무턱대고 전화를 했다. 갑자기 전화해서 만나자 하는 요청에 당황해야 하는데 그는 망설임 없이 만날 약속을 했다. 나는 목포의 섬에 출사를 같이 가자고 제안을 했고 오늘은 그래서 생긴 하루라는 시간이었다. 그런데 섬에는 못 가고 부초처럼 목포를 떠돌아다녔다. 오전에 공방카페 〈오월의 하루〉에서 만나 모닝커피를 마시면서 어디 갈까 일정을 의논했는데 사진작가의 툭 던진 앞뒤 없는 제안. "녹차 밭에 꽃이 폈다는데요?" 1초도 생각을 안 하고 바로 대답하는 나. "그래요? 꽃이 폈다면 때를 놓칠 수 없죠. 갑시다!" 우리는 가는 길에 잠시 독립서점 〈퐁당퐁당〉에 들렸다. 서점주인이 좋은 전시가 있다고 함께 가자고 해서 예정에 없던 미술관으로 갔다. 정물화 특별전 작품 중에 이사라 작가의 작품 〈Dream〉이 내 눈에 쏙 들어왔다. 인형을 하이퍼리얼리즘적인 묘사로 그렸는데 시선의 중심인 인형의 눈이 몹시 슬펐다. "눈이 너무 슬퍼요"라고 큐레이터에게 말했더니 이사라 작가의 다른 인형 작품에서는 슬픈 눈에 눈물을 그려 더 슬픈 작품도 있다고 한다. 꼼짝하지 않고 슬픈 그 눈을 들여다보니 눈동자 안에서는 슬픔 뒤에 행복이 반짝이고 있었다. 인형의 눈이 슬픈 듯 행복해 보이는 이유는 아마도 아름다운 꿈을 꾸고 있지만 그 꿈은 꼼짝달싹할 수 없는 한계를 가지고 있기 때문인 것 같다. 인형은 오늘을 사는 나와 많이 닮아있었다. 미술관에서 녹차밭이 있는 초의선사에 갔다가 시내로 가는 길에 멋진 출사지가 있다고 해서 양을산 저수지로 향했다. 물안개 올라올 때 물에 비친 반영이 비경이라는 설명을 해서 기대를

했는데 우리가 도착한 시간은 새벽이 아니라서 그런지 매우 평범한 저수지였다. 특별함이 하나도 없어 분위기가 머쓱해졌다. 강원도는 가을 단풍으로 산이며 들이 붉게 타올라 절정을 이룬지 오래고 지금은 겨울 준비를 시작했는데 남도 끝자락 목포 양을산은 이제야 수줍은 듯 가을물이 들기 시작하고 있었다. 사진으로 남기기에는 애매한 계절이었다. 저수지 물 안에 고스란히 들어가 앉아있는 양을산을 보면서 사람이 물에 모습을 비추면 마음 속이 훤하게 다 보였으면 좋겠다는 생각을 해본다. 사람의 속내가 타인에게 가감 없이 보이는 신비의 호수가 세상에 있다면 얼마나 좋을까? 그 이름은 '나는 너를 다 알아 호수'. 이곳에 데려와 물에 비추고 싶은 사람이 세상에는 참으로 많을 것 같다. 특히 사랑을 시작한 연인은 상대의 진짜 마음을 확인하고 싶어 올 것이고 겉과 속이 다른 사람들은 신비의 호수 근처에도 오지 않을 것이다. 세상에는 이런 호수가 진짜 존재할지도 모르겠다는 엉뚱한 상상을 해 본다. 어느새 해가 지면서 날씨가 쌀쌀해졌다. 이제 어디로 갈까? 묻기도 전에 일행은 달콤한 것 먹으러 가자고 앞장선다. 도착해보니 내 마음을 어떻게 알고 있었는지 내가 꼭 와보고 싶었던 카페 〈그대가 꽃〉이었다. 오늘 목포탐험은 혼자인 줄 알았는데 둘이 되고 어쩌다 보니 셋이서 함께 다니고 있었다. 우리는 함께 가고 싶은 곳이 많았지만 시간은 야속하게도 짧고 해는 이미 저물었다. 나는 이제 그만 각자의 집으로 가는 것을 제안했는데 한국그림책연구소 목포지점에서 오라는 연락이 와서 보리마당(서산동 시화골목)으로 향했다. 도착해보니 초승달이 짙푸른 밤하늘 위에서 우리를 기다리며 반짝이고 있었다. 보리마당에 어둠이 내려오니 낮에는 숨어있던 풍경들이 보였다. 한국그림책연구소 목포지점 대표는 우리를 반갑게 맞아주었다. 바다가 마당처럼 내려다보이는 그림책방은 세상 부러울 것이 없는 공간이었다. 함께 있는 사람 중 두 명은 오늘 처음 만났다. 나머지 한 명도 알게 된 지 얼마 안 된다. 서먹해야 하고 말을 아껴야 할 관계인데 서로의 속을 잘 읽어내는 기분에 감동했다. 우리는 첫 만남의 어색함도 없이 와인색 꽃차를 마시며 도란도란 이야기를 나누었다. 책을 사랑하는 사람들은 말을 굳이 안 해도 저 깊은 곳에서 이미 하나임을 알고 있나 보다. 지금도 그 분위기가 속삭이듯 귓가를 간지럽힌다. 보리마당의 밤은 거짓말처럼 걸어놓은 초승달이 예뻐서 발을 구르며 소리를 지르고, 제주도에서 온 대형 크루즈가 신기해 아이들처럼 재잘대고. 마음까지 따뜻해지는 꽃차를 마시며 동화책 같은 시간을 보냈다. 아마도 그대들과 나는 전생에서 만났었나봐.

 보리마당 아래 서산동 시화골목
유달산과 인접한 서산동 꼭대기에 위치한 너른 공터인 보리마당 바로 아래 골목길 사이사이 시와 꽃, 그리고 아기자기한 그림들을 벽화로 그려낸 시화골목이 있다. 목포의 대표적인 어촌마을인 이곳에서 골목길에 예술의 향기를 불어넣은 벽화들을 통해 목포가 가진 삶의 애환과 어린시절 추억을 떠오르게 한다. 또한 보리마당에서 바라보는 탁 트인 목포항의 전경과 아름다운 유달산은 목포의 또다른 비경으로 손꼽힌다.

목포에서 한달살기

초판 발행 2020년 2월 26일
2쇄 발행 2025년 9월 15일

펴낸곳 여행연구소
글 양소희
사진 양소희, 목포시청 제공
디자인·삽화·편집 한지민
편집·출판 여행연구소
이메일 localedustory@naver.com

ISBN 979-11-958187-0-9 03980

저자와 출판사의 허락 없이 내용의 일부를 인용하거나 발췌하는 것을 금합니다.
잘못 만들어진 책은 구입처에서 바꾸어 드립니다.